왜 나만
이렇게
힘든 걸까

왜 나만 이렇게 힘든 걸까

가토 다이조 지음 | 박재현 옮김

DAYEONBOOK

'인생은 마음먹기에 따라서 지옥이 되기도, 천국이 되기도 한다.'

맞는 말이긴 합니다. 하지만 마음을 자기 의지대로 올곧이 바꾸기란 쉽지 않습니다.

아무리 긍정적이고 적극적인 마음을 가진다 해도 힘든 일은 힘들 수밖에 없지요. 물론 즐거운 일은 즐거울 것이고요.

어린 시절부터 즐거운 일을 많이 체험한 사람과 힘들고 괴로운 일을 많이 체험한 사람의 뇌 속 신경회로는 180도 다릅니다. 그렇기에 어떤 마음가짐으로 인생을 살아갈 것인지 간단히 바꿀 수 없습니다.

세상에는 지속적인 격려 속에서 성장해온 사람들과 자기 본연의 모습을 내내 부정당한 채 비참하게 살아온 사람들이 있습니다. 물론 두 부류의 운명은 확연히 다릅니다. 그렇다고 하여 "어쩔 수 없다" 하는 말로 간단히 정리해버릴 수는 없습니다.

"자기 본연의 모습으로는 살아 있을 가치가 없다!"

이런 회의적인 말을 끊임없이 들어온 사람일지라도 분명 행복하게 살 방법은 있습니다.

자유로이 하늘을 날아다녀야 할 새가 칠흑의 땅속에 사는 두더지처럼 살아간다면 불안감에 휩싸이게 마련입니다. 당신이 불안감을 느끼고 있다면, 이는 지금 일상에서 뭔가 이상이 있다는 신호일 것입니다.

불안감을 느끼는 건 일상에서 왠지 자연스럽지 못한, 억지스럽거나 무리한 그 무엇을 하고 있기 때문입니다. 불안감의 원인이 무엇인지를 안다면 우리 인생은 분명 행복해질 수 있습니다.

신경증적 경향이 있거나 늘 가슴을 짓누르는 고민을 안고 살아가는 사람은 인간관계에서 적절한 거리감을 가늠하지 못할뿐더러 진심으로 상대를 이해하지 못합니다. 그런 '관계'의 능력이 부족한 것이지요. 게다가 자신이 어떤 처지에 있는지도 이해하지 못하는 등 많은 것을 알지 못합니다. 그 근원에 있는 것은 '자신에 대한 몰이해'입니다.

자기가 어떤 사람인지를 파악하면 지금 자신이 무엇을 해야 하는지도 알 수 있습니다. 이 지점에서 향후 인생을 어떻게 펼쳐 나아가야 하는지 그 길이 열리지요.

오스트리아의 정신과 의사 베란 울프(W. Beran Wolfe)는 말했습니다.

"고민은 어제의 일이 아니다."

현재 하고 있는 고민은 어제까지 자신이 해온 일의 결과라는 의미이지요.

어제까지 자신이 어떤 일을 해왔는지를 안다면 앞으로 무슨 일을 해야 하는지 알 것이고, 그때 비로소 새로운 길이 열릴 것입니다.

종합적으로 말해서, 늘 고민하는 이는 사람들과 교류하면서 살아가지 못합니다. 자연스러운 커뮤니케이션을 할 수 없습니다.

자연스러운 커뮤니케이션을 하며 살아가지 못하기에 인생의 적절한 목적 또한 갖지 못합니다.

그 결과, 허튼 데 정력을 쏟지요.

기를 쓰고 노력하지만, 그에 걸맞은 대가를 제대로 얻지 못하는 이가 있습니다. 이는 애써 힘을 쏟은 노력이 사람과 무관한 것이기 때문이지요.

그래서 "나는 잘못한 게 없다"며 완강하게 고집을 부립니다. 넉넉한 마음으로 상대를 받아들이지 않습니다. "나만 호된 일을 당한다"고 투덜대며 괴로워합니다.

이런 사람들을 위해 이 책을 집필했습니다. 요컨대 이 책은 자신의 진짜 모습을 발견하고 잠재된 능력을 개발하기 위한 완전 실용서, 새로운 삶을 개척해가기 위한 인생 혁신서입니다.

어째서 당신은 이해받지 못할까요? 왜 당신은 인간관계 문제로 늘 화가 나 있나요?

자신이 어떤 사람인지 알면 인간관계가 술술 풀립니다.

왜 당신은 "아무도 날 이해해주지 않는다"며 고민하나요?

그건 당신 자신이 어떤 사람인지 제대로 알지 못하기 때문입니다. 굳이 말하자면 당신은 '아무도 날 이해해주지 않는다 증후군'에 걸려 있습니다. 그저 토라져 있을 뿐입니다. 그런 까닭에 몸 상태도 좋지 않습니다.

불행의 원인으로 두 가지를 말할 수 있습니다.

첫째는 자신이 어떤 사람인지 제대로 이해하지 못하기에 커뮤니케이션할 수 없다는 것입니다.

둘째는 인생을 너무 만만하게 보고 있다는 것입니다.

이런 탓에 사회생활을 하는 동안 인간관계에서 늘 문제가 발생합니다. 그리고 '나만 호된 일을 당한다'고 생각하지요.

커뮤니케이션이 원활하지 못하면 아무리 노력한들 결실을 보지 못합니다. 이런 사람들은 마음의 통로가 매우 좁습니다.

'마음이 좁으면 역경에 굴복하고 만다.'*

"나만 힘들다"고 불평하는 사람은 여하튼 요구가 많습니다. 주변 사

---

* David Seabury, How to Worry Successfully, Blue Ribbon Books: New York, 1936

람에게 끊임없이 무엇인가를 요구합니다. 자신은 수동적인 태도를 고수하면서 강한 원망을 품습니다. 수동적인 태도란 쉽게 말해 '응석'입니다. 그러니 늘 불만입니다.

"부모님이 이것을 해주지 않았다", "친구가 저것을 해주지 않았다", "선생님은 그것을 해주지 않는다" 등등 사람들이 해주지 않은 것에 대해 끊임없이 불평합니다.

응석을 부리려는 욕구는 피해자 의식이 되고 급기야 이렇게 표출됩니다.

'나를 소중한 존재로서 대해주지 않는다!'

'나를 이해해주지 않는다!'

'다들 나를 괴롭히기만 한다!'

'나만 손해를 본다!'

"나는 잘못한 게 없다", "나만 호된 일을 당한다"라고 말하는 이들은 주변 사람들이 얼마나 심하게 자신을 대하는지 계속 투덜댑니다. 그렇게 불평함으로써 자신만 피해자이자 잘난 사람이 되려고 합니다. 희생적 역할을 떠안음으로써 상처받은 자기애를 방어하는 것이지요. 희생적 역할을 연기함으로써 마음의 상처를 치유하려 하기에 결국 꼼짝할 수 없는 궁지로 스스를 내몹니다. 그렇게 막다른 골목에 몰린 듯한 감각이 증오의 반응을 불러옵니다.*

---

* 러시 W. 도지어 주니어, 김지연 역, 나는 왜 너를 미워하는가: 증오의 과학, 2005

의외로 무력감과 증오는 깊숙이 얽혀 있습니다. 그러다 보니 '이 상황을 조금도 개선할 수 없다'고 느끼는 순간 엄청난 기세로 증오의 감정이 휘몰아칩니다.

"이렇게나 힘들다"라고 호소하는 것 이면에는 주변 누군가에 대한 증오가 붙어 있습니다.

인생은 기회로 가득하지만, 증오의 감정 때문에 이런 순간들을 놓칩니다. "나는 잘못한 게 없다"라고 말하는 사이에 모처럼 드러난 자신의 매력을 잃습니다. 그래서 "나만 호된 일을 당한다!"라고 투덜대는 동안 자신의 잠재적 능력을 놓쳐버리지요.

Chapter 4 ◆ 지금껏 참아온 나를 해방하는 법

Chapter 5 ◆ 적당히 기분 좋은 사람과의 거리감

Chapter 6 ◆ 행복에 이르는 지름길

Chapter 1

커뮤니케이션이
힘들다면

우선 마음의 목소리에
귀 기울인다

커뮤니케이션할 때 가장 중요한 점은 자기 내면 깊숙한 곳의 목소리에 귀 기울이는 것입니다. 그다음이 상대의 말을 듣는 귀를 가지는 것입니다.

'듣는 귀를 가진다'는 것은 마음이 유연하고 열려 있다는 말입니다. 신경증에 빠지면 마음이 경직되어서 상대의 말을 듣는 귀를 가질 수 없습니다.

'마음이 유연하다'는 것은 자기실현하는 자세를 가진다는 말입니다. 따라서 생산적으로 살아가는 사람만이 유연한 마음을 가질 수 있습니다.

커뮤니케이션을 잘하는 사람은 대개 적의를 가지고 있지 않습니다. 반면 공격적인 사람, 그중에서도 착취자 유형의 사람은 애당초 타인 말을 경청할 귀를 갖고 있지 않습니다. 적의를 가지고 있는 탓에 상대의 말이 들리지 않는 것이지요.

사실, 상대가 하는 말을 경청하기란 지극히 어려운 일입니다.

부모로서 아이를 일방적으로 밀어붙이는 것이 자녀 사랑이라고 믿는 사람도 있습니다. 자신의 품에 아이를 안고서 아이 개성은 인정하려고 하지 않습니다. 그런데 그런 부모일수록 자신이 누구보다 아이의 말에 귀 기울인다고 확신합니다.

인간관계에서 중요한 것은 상대의 말을 상대방 의도에 따라 듣는 거지요.

"자신의 생각을 말하라"라고 하니, 의견을 말합니다. 그러면 곧 "당신은 또 불만을 토로하는군요" 하며 말을 가로막는 사람이 있습니다.

상대가 하는 말을 자기 내면에 있는 불안과 갈등이라는 필터를 통해 듣는 사람이 있습니다.

그런 사람은 자신이 꽤 상대의 말에 귀 기울인다고 생각할 테지요. 자신의 마음 통로는 주변 세상을 향해 활짝 열려 있다고 생각합니다.

친한 친구가 없는 사람을 잘 보면 다른 이의 이야기를 듣지 않습니다. 인간관계에서 중요한 것은 상대의 말을 귀 기울여 듣는 것입니다. 이를 위해서는 마음이 건강해야 합니다. 불안이나 적의가 없고, 허세를 부리거나 경쟁하는 마음이 없어야 합니다. 허세와 경쟁심이 있다면 아무래도 상대가 하는 말을 상대방 의도에 따라 들을 수 없습니다.

여하튼 사람과 제대로 커뮤니케이션하려면 자신에 대한 이해가 선행되어야 합니다. 자신이 무엇을 원하는지를 알 때 비로소 상대가 원하는 것이 무엇인지를 이해할 수 있습니다. 그리고 자신은 어째서 그걸 원하고 있는지를 알아야 상대가 왜 그것을 원하는지도 알 수 있습니다. 자신이 무엇을 원하는지 알지 못하면 상대가 무엇을 원하는지도 알 수 없습니다.

대화하면 기분이 좋아지는 사람

　물론 상대에 따라 커뮤니케이션이 원활히 이뤄지기도, 삐걱거리기도 합니다. 상대가 어떤 사람이냐에 따라서 커뮤니케이션의 질은 달라집니다. 따라서 어떤 이와의 커뮤니케이션이 원활히 이뤄지지 않았다고 하여 자신감을 잃거나 커뮤니케이션 능력이 부족하다고 자책할 필요는 없지요.

　마음의 통로 크기는 딱히 정해져 있지 않습니다. 상대와의 관계가 어떠한지에 따라서 유동적으로 넓어지기도, 좁아지기도 합니다. 그래서 누구라도 '커뮤니케이션을 잘하는 사람'과 있을 때는 마음의 통로가 넓어집니다. 결국 서로를 깊이 이해할 수 있습니다. 마음의 통로가 좁을수록 서로에 대한 이해는 표면적일 수밖에 없습니다.

　'커뮤니케이션을 잘하는 사람'은 왠지 '대화를 나누고 싶다'는 느낌이 들게 합니다. 결국 그 사람과 있으면 긴장이 풀립니다.

커뮤니케이션에 자신이 없다면 '커뮤니케이션을 잘하는 사람'을 찾아 그와 함께해야 합니다. 만일 그럴 수 있다면 이상적일 것입니다. 그러면 자연히 자신의 마음 통로도 서서히 넓어질 테니까요.

부족한 커뮤니케이션 능력을 높이고 싶다면 긴장감을 없애주는 사람과 함께하세요. 그렇게 같이하다 보면 불현듯 진짜 자신을 깨닫는 순간을 맞이할 것입니다.

한편, 되도록 피해야 하는 사람은 자신도 모르는 사이에 잔뜩 경계하게 만드는 이입니다. 당신이 은연중에 경계하는 사람은 아마도 늘 타인을 평가하는 인물일 가능성이 큽니다. 그런 까닭에 평가받는 게 두려워서 무심코 그를 경계하는 거지요.

당신을 방어적으로 만드는 사람과 당신의 긴장을 풀어주는 사람이 있습니다.

말하는 자신의 목소리가 그대로 녹음된다고 상상해보세요. 그때 사람들은 긴장합니다. 바로 그것이 이야기를 나누고 있어도 상대와 커뮤니케이션할 수 없는 심리 상태입니다.

숲속에 있을 때는 기분이 상쾌합니다. 그때 나무 같은 건 의식하지 않습니다. '숲속이라 그런지 상쾌하구나!' 하고 생각할 따름입니다. 바로 그것이 나무와 온전히 커뮤니케이션하는 상태이지요.

커뮤니케이션 능력을 키우려 할 때 꼭 필요한 존재는 신뢰하는 사람입니다. 신뢰하는 그 사람의 말을 귀 기울여 듣기에 미처 알지 못했던 자신의 의외성을 깨닫기도 합니다. 그리고 새삼 알게 된 자기 모습을 인정하게 됩니다.

자신에 대하여 이해한다는 건 나쁘기만 한 일이 아닙니다. 때때로 자신의 긍정적인 성질도 깨닫게 해줍니다. "당신은 참 밝은 사람이에요" 하는 타인의 말을 통해 비로소 자신의 밝은 성질을 깨닫기도 하지요.

　한편, 원래 밝은 사람일지라도 의심 많거나 질투심 강한 주변인들에게 오랜 세월 괴롭힘을 당하며 산다면 자신의 본래 밝은 기질을 까맣게 잊고 맙니다.

신뢰하는 사람은
어디에 있을까

　앞서 신뢰하는 사람이 있어야 한다고 했지만, 그런 인물을 좀처럼 찾지 못하는 이도 있을 테지요.

　사람을 믿지 못한다는 것은 자신을 믿지 못한다는 뜻이기도 합니다. 믿을 사람이 없다고 말하는 이는 자신 먼저 믿을 수 있는 인물이 되어야 합니다. 그러면 신뢰할 사람을 쉽게 찾을 수 있을 거예요. 호시탐탐 타인을 이용하려고만 하는 사람도 정작 자기 자신을 믿지 않지요. 그러니 영합하는 걸 그만두기만 해도 세상은 변할지 모릅니다.

　타인을 믿는 사람은 자기 자신을 믿고 있는 이입니다. 분명 타인을 속이려 드는 사람은 타인을 믿지 않습니다. 그러니 자기 자신도 믿지 않지요.

　자신의 무의식에 문제가 있다는 걸 깨우쳐주는 존재는 늘 마음 착한 사람입니다. 자신의 비루한 커뮤니케이션 능력을 좀 더 빛나게 키워주는 건 자신을 받아주는 사람입니다. 함께할 때 잘난 척 허세를 떨지 않아도 되는 사람입니다.

경영자는 가뭄의 단비 같은 인재를 찾지만, 사실 사회적으로 뛰어난 능력을 지닌 사람을 발견하는 것은 그리 어려운 일이 아닙니다.

그보다 어려운 일은 잘난 척 허세를 떨지 않아도 사귈 수 있는 사람을 발견하는 거지요. '본연의 자신'을 알아봐주는 사람만큼 귀중한 존재는 없을 겁니다.

그 어떤 권력자를 아는 것보다 자신의 진짜 모습을 알아보고 받아주는 사람과 알고 지내는 게 강점이 되어줄 것입니다. 자신의 모든 행동을 이해해주기에 그것으로 도량은 더 넓어집니다. 자신의 행동이 받아들여집니다. 상대가 받아들이기에 자신이라는 존재를 느낄 수 있습니다. 이해받기에 자신이 바뀝니다. 성장해 나아갑니다.

예컨대 귀찌를 한 청년이 '여기에 내가 있다'고 호소합니다. 하지만 아무도 알아봐주지 않습니다. 그래서 삐뚤어집니다. 왜냐하면 주위의 그 누구도 자신의 행동을 받아주지 않기 때문입니다. 이럴 때 그 청년을 받아주는 사람이 있다면, 그는 비로소 자신이 무의식중에 호소하고 있었음을 깨닫습니다. '아, 나는 필사적으로 인정받으려고 했구나!' 하고 말이지요.

자기 자신을 알면 솔직해질 수 있습니다. 솔직해지고 나서 노력한다면, 그 수고 뒤에는 반드시 보상이 따릅니다.

자신을 이해하지 못하면
타인도 이해할 수 없다

자기 자신이 어떤 사람인지 알지 못하면 타인에 대하여서는 더더욱 알 수 없습니다.

자신을 보지 못한다면 상대 역시 눈에 들어올 리 없기 때문이지요.

사람은 자신을 이해하는 만큼만 상대를 이해할 수 있습니다.

"아무도 나를 이해해주지 않는다"고 한숨짓는 이가 있는데, 자신이 이해하지 못하는 사람과 사귀면서 그 상대에게 이해를 구하는 건 무리가 있습니다.

자신을 이해해주길 원한다면 자신에 대하여 잘 아는 사람과 사귀는 수밖에 없지요. 그럼에도 "아무도 날 이해해주지 않는다"고 말한다면 대개는 자신이 어떤 사람인지 스스로도 이해하지 못하고 있는 것입니다.

자신이 어머니 같은 여성을 찾는다는 것을 모르는 남성이 있습니다. 그가 한 여성을 만나 사랑에 빠지고, 그 여성도 마침내 그를 사랑하게 됩니다. 하지만 원하는 바가 다르기에 두 사람의 커뮤니케이션은 헛돕니다. 시간이 흐를수록 그 간극은 더욱 커지고 둘은 어찌할 바를 모릅니다. 마침내 그들은 서로 '이 사람은 나를 이해하지 못한다'는 결론을 내리고 맙니다.

상대가 실제 자신을 받아주지 않는다면 자신 역시 실제 상대를 받아들이지 못합니다. 실제 자신이 상대에게 인정받지 못하는 사람은 자신 또한 실제 상대를 인정하지 못합니다. 결국 심각한 열등감에 사로잡힌 사람들 사이에서 진정한 커뮤니케이션은 이뤄지기 어렵습니다. 서로가 자신의 존재를 강조하기만 할 뿐이니까 원하는 바가 어긋나고, 결국 서로를 이해하는 깊은 대화를 나눌 수 없는 거지요.

아이는 자신을 키워준 것에 생색내는 아버지와 대화를 나눌 수 없습니다. 아버지는 아이에게 양육에 대한 감사를 원하고, 아이는 아버지에게 부모로서의 사랑을 원하기 때문입니다.

그렇습니다. 자신에게 큰 문제가 생겼다면 잠시 마음을 가라앉히고 자신이 상대의 무엇을 이해하지 못하는지를, 또 상대는 자신의 무엇을 이해하지 못하는지를 생각해봐야 합니다.

뭔가 삐걱댈 때 대개 서로의 무의식에 문제가 있습니다.

베란 울프는 말합니다.

"사람은 상대의 무의식에 반응한다."

대다수 사람이 인간관계에서 불만을 느낍니다.

자신이 생각하는 자신이 있습니다. 또 자신이 의식하는 자신이 있습니다. 그러나 타인은 '자신이 생각하는 자신'에 반응하는 것이 아닙니다.

타인은 '당신이 보지 못하는 당신'에 반응하고 있는 거지요. 타인은 당신의 무의식에 있는 그것에 반응합니다.

"아무도 나를 알아주지 않는다" 하는 한탄은 '자신이 생각하는 자신'에 반응해주지 않는 사람들에 대한 원망입니다.

사람들이 '자신이 생각하는 자신'으로 봐준다면, 좀 더 동정해줄 것이고 좀 더 인정해줄 테지요.

하지만 사람들은 '자신이 보지 않는 자신'에 반응하기에 기대했던 동정도, 인정도 해주지 않습니다. 자신이 기대했던 "와, 대단하군요!" 하는 말도 해주지 않습니다.

'상대를 위해서'라는 것은
사실 '자신을 위해서'이다

　다른 누군가를 위해 그 무엇을 해줍니다. "고맙다"는 말을 듣고자 말입니다.

　하지만 기대한 '고맙다'는 말을 듣지 못합니다. 그러면 상대가 원망스럽습니다.

　"내가 이렇게까지 해줬는데 저 태도는 뭐람!" 하면서 말이지요.

　원망하는 마음이 든다면 그 사람을 위해 무언가를 해주었던 '자신의 동기'를 제대로 이해하지 못한 것입니다.

　상대에게 은혜를 베푸는 등 무언가를 해준 자신의 동기는 처음부터 상대를 위한 게 아니라 고맙다는 말을 듣고자 했던 '자신을 위한' 것임을 말입니다.

　동기는 자신의 무력감 혹은 열등감에서 비롯됩니다.

　어떤 것을 해주었을 때, 이것으로 말미암아 상대가 고마워해주길 바라고 있다는 걸 알면 기대한 반응을 상대가 보이지 않아도 원망스럽지 않을 겁니다.

지금 주위의 모든 사람을 원망하고 있다면, 그곳이 정말 자신이 있어야 하는 곳이 맞는지 혹시 있기에 부적절한 곳은 아닌지 스스로 돌아봐야 합니다.

시냇물에 있어야 할 송사리가 바다에 있다면 살아갈 수 없습니다. 부적합한 곳에 있다면 주변의 모든 사람이 자신을 언짢게 할 뿐입니다.

송사리를
고래로 만들려고 하지 않는다

'상대를 위한 것이라 믿고 한 일이 사실은 자신을 위한 것이었다'고 앞서 말했습니다. 하지만 '상대를 위한 일'이었다고 믿는 자신이 꼭 나쁜 것은 아닙니다. 왜냐하면 그렇듯 자기 집착에 빠진 사람이 되는 데는 그럴 만한 이유가 있기 때문이지요.

고래는 새끼에게 '송사리에게는 이런 좋은 점이 있다'고 가르치지 않습니다. 그저 자신과 같은 고래로 키우려고 온갖 노력을 쏟을 따름이지요.

비유컨대 자신의 아이가 송사리라면 고래로 키워서는 안 됩니다.

아이를 키울 때 중요한 것은, 송사리 아이에게 "송사리에게는 이런 좋은 점이 있다"고 가르치는 거지요. 그러면 송사리는 고래의 세계를 동경하지 않습니다.

지금 자신과 매우 이질적인 곳에 있는 사람은 어릴 적 부모에게 '송사리에게는 이런 좋은 점이 있다'를 배우지 못했기 때문입니다.

우울병에는 몇 가지 원인이 있습니다. 늘 괴로운 사람이라면 자신의 행복을 위해 누군가가 진지하게 생각해준 적이 있는지 한번 생각해보세요. 누군가가 떠오르나요?

아마 스물이 될 때까지 진지하게 자신의 행복에 대해 생각해준 사람이 없을 겁니다. 자신에게 어떤 기대를 했을 테지만, 그 기대는 그저 그 사람의 행복을 위해서였을 겁니다. 그러니 있는 그대로의 자신이 아닌, 늘 어떤 자신이 되어주기를 바랐을 거예요. 때로는 그것이 비현실적일 만큼 높은 기대를 한 몸에 받았을지도 모르고요. 그래서 '실제 자신'이 아닌 모습으로 한껏 발꿈치를 들고 살았을 테니, 살아오는 내내 고통의 연속이었겠지요.

비현실적으로 상대에게 높은 기대를 하는 사람은 정작 상대의 행복 따윈 안중에도 없습니다. 그러니 당연히 상대의 현실을 무시할 수 있는 거지요.

높은 기대를 하면서도 거기에는 상대에 대한 사랑이 존재하지 않습니다. 사랑하는 마음이 있다면 상대의 현실이 보이지 않을 리 없죠.

아이를 사랑하는 부모는 아이가 무엇을 원하는지를 잘 압니다.

결국 비현실적으로 높은 기대를 받는 사람은 상대에게 사랑받지 못할뿐더러 '현실의 자신'은 무시당합니다. 그럼에도 상대의 기대에 어떻게든 부응하고자 '자신이 아닌 자신'이 되려고 필사적으로 노력합니다. 그렇게 억지 노력을 하는 가운데 자기 자신이 싫어집니다. 자신을 스스로 사랑할 수 없게 됩니다.

자신을 사랑하지 못하는 사람은 자신에 대한 타인의 사랑도 믿지 못합니다. 믿을 수 없으니, 사랑한다면 증거를 보이라고 말합니다. 그리고 무리하여 좋은 사람인 양 연기합니다. 억지로라도 사랑받고 있다 믿고 싶은 거지요. 그러면 더욱 자신이 싫어지고 자신을 경멸하게 됩니다.

외로움을 인정한다

상대의 기대에 부응하기 위해서 '자신이 아닌 자신'이 되려고 무리하게 노력하는 사람, 기대했던 반응을 보이지 않는다고 상대를 원망하는 사람에게는 더 나쁜 일이 일어납니다.

뻔뻔한 사람들이 그 곁에 모여듭니다.

뻔뻔한 사람들은 남을 원망하는 사람 앞에 나타나 그들이 기대했던 반응을 보여줍니다.

뻔뻔한 사람은 자신에 대해 잘 알고 있을뿐더러 상대가 어떤 사람인지도 똑똑히 보고 있습니다.

그들은 상대를 자신의 의도에 따라 움직이려고 합니다. 상대와 마음을 주고받지 않기에 서로에게 향한 마음의 통로는 좁습니다. 뻔뻔한 사람에게 상대는 사람이 아닌 그저 도구일 뿐입니다.

싫어도 상대를 잘 보는 사람과 싫어서 상대를 제대로 보지 못하는 사람이 있습니다. 뻔뻔한 사람은 전자에 속합니다.

사기꾼은 상대를 잘 압니다. '아, 이 사람은 외롭구나!' 하면서 단박에 상대를 꿰뚫어 보지요.

어느 리모델링 업자는 사기 상대로 고령의 노인만 노립니다. 그는 고령자가 어떤 반응을 기대하는지 잘 알기에 그에 걸맞은 반응을 보입니다. 그는 직접 집을 방문해 고령자에게 '좋은 사람'인 양 행동합니다. 그리고 요모조모 상대의 마음을 알아내려고 애씁니다. 그리고 어떻게든 상대 마음의 틈을 파고듭니다. 고령자는 외롭기에 십중팔구 뻔뻔한 사람의 먹잇감이 되어 이용당합니다.

뻔뻔한 사람 눈에는 상대의 외로움이 보입니다. 사냥감을 찾는 사람 눈에는 그것이 여실히 간파되지요.

인간관계에서 많은 문제가 일어나고, 그로 말미암아 상처받는 사람은 우선 자신의 외로움을 인정해야 합니다.

외로운 사람은 응석을 부리죠. 하지만 애당초 자신을 편들어주는 사람은 이 세상에 없습니다. 그것을 인정하면 무의식에 있는 문제가 줄어 그만큼 커뮤니케이션 능력이 향상됩니다.

대인공포증 같은 게 있는 사람은 비유컨대 쥐인 자신을 사자처럼 보이려 애씁니다. 그러니 상대가 두려울 수밖에 없지요.

사기꾼은 바로 이런 사람을 노립니다. 그는 상대가 쥐라는 사실을 빤히 알면서도 상대가 기대하는 반응, 즉 "당신은 강한 사자군요"라고 말해줍니다. 이렇게 상대를 추켜세웁니다.

상대가 듣고 싶은 말을 들려주니, 당연히 상대는 그 말에 기분이 좋아지고 경계심이 수그러들지요. 뻔뻔한 사기꾼은 상대가 기대하는 반응을 해주는데, 그것은 마약과 같습니다.

이때 상대가 자신을 사자로 보고 있어도 자신이 쥐라는 것을 잘 알고 있다면, 단박에 뻔뻔한 상대의 속셈을 알아차릴 것입니다. 아무리 추켜세워도 그 기분 좋은 말에 넘어가지는 않을 거예요.

물론 자신이 어떤 사람인지 잘 알고 있다면 말입니다.

그런데 끊임없이 심각한 문제가 일어나는 사람은 자신을 제대로 보고 있지 않지요. 그건 그 사람의 무의식에 중대한 문제가 있기 때문입니다.

스스로 자신을 잘 모르는 데다 상대를 제대로 보지 못하는 사람은 잘 속아 넘어갑니다. 상대가 "당신은 훌륭하다"라고 말해주면 그에게 마음을 줍니다.

《논어》에 '교언영색 선의인(巧言令色 鮮矣仁)'이라는 말이 있습니다. '듣기 좋게 꾸민 말과 보기 좋게 꾸민 얼굴빛에는 어진 마음이 드물다'는 의미이지요.

확실히 그렇습니다. 상대를 제대로 보지 못하는 사람은 그럴싸하게 말만 하는 '인덕 없는 사람'을 알아보지 못합니다.

타인에게 이용당하다
버려지지 않으려면

상대의 상황에 걸맞은 사람이 있습니다. 그런 사람과의 관계는 현재 상황에서만 유효합니다. 시간이 흐르면 상황에 따라 부적절한 사람이 되기도 하지요. 결국 지금 상황에 딱 좋은 사람이란 상대에게 그저 잠시 이용당하다가 버려지는 인물에 지나지 않습니다. 그래서 뻔뻔한 사람은 지금 상황에 걸맞은 이를 소중한 존재로 여기지 않습니다. 그저 어떻게 하면 잘 이용할지만 생각하지요.

'이용하기에 좋다'는 것은 애써 힘들이지 않고도 뜻대로 할 수 있다는 뜻입니다.

다시 말하지만, 사람을 제대로 보지 않는 이는 말뿐인 '인덕 없는 사람'을 분별하지 못합니다.

구덩이 속에 도토리가 가득합니다. 뻔뻔한 사람은 그 도토리를 탐냅니다. 거기에는 다람쥐와 두더지와 곰, 하물며 쥐와 뱀이 있습니다.

도토리를 주워 오라고 할 때는 다람쥐가 좋지요.

이때 어느 동물을 좋아하는가는 별개 문제입니다. 그저 이용하기 좋은 동물이 안성맞춤입니다.

이용하기 좋은 사람은 지금 함께하면 좋은 자일 뿐입니다. 시간이 흐르면 함께하기에 적당하지 않은 존재가 되어버리기도 합니다. 그러면 이용당하다가 버려집니다.

뻔뻔한 사람은 편하게 이득을 얻을 수 있기에 적당한 그 인물이 좋은 거지요. 그건 상대를 존중하는 게 아닙니다.

그런데 이용당하는 사람은 이용당하면서도 사랑받고 있다고 착각합니다. 상대와 자신의 마음속 깊이 감춰져 있는 특징을 미처 이해하지 못합니다.

누구나 이용 가치를 가지고 있는데, 그중에서 특히 더 이용 가치가 있는 사람은 비록 불만이 있더라도 이를 꾹 참으며 인내심을 발휘하는 자입니다.

뻔뻔한 사람은 자기 사정에 적절히 이용할 수 있는 인물에게 때때로 '고마운 마음'을 갖기도 합니다. 하지만 절대 사랑하지는 않습니다. 애당초 마음속에 상대를 존중하는 마음 따위는 없는 것입니다.

뻔뻔하게 자기 편할 대로 이용하던 사람이 병에 걸릴라치면 "자, 그럼 안녕!" 하면서 냉큼 떠나갑니다. 그때 "나만 호된 일을 당한다!" 하며 한탄하지만, 그렇게 되어버린 원인이 자기 자신에게 있음을 미처 깨닫지 못합니다.

더 큰 문제는 이런 일이 빈번하다는 것이지요.

자기 주변에서 일어나는 여러 문제의 원인이 자신에게 있음을 인정하지 않는다면, 죽을 때까지 '이용당하는 사람'으로 살다가 끝날 겁니다.

생의 마지막 순간에 '왜 그런 비겁한 사람을 무리하게 따랐을까? 어째서 그런 악질에게 그토록 좋은 사람이 되려고 애쓰며 내 인생을 허비한 것일까?' 하고 후회해봐야 아무 소용이 없습니다.

미국의 정신과 의사로서 우울병의 인지 요법을 창시한 아론 벡(Aaron Beck)에 의하면, 우울병에 걸린 사람은 '자신의 문제이지만 다른 사람이 해결해주길 바란다*'고 합니다.

'나는 잘못한 게 없다', '나만 터무니없는 일을 당한다' 등 피해자 의식에 사로잡혀 있어서는 죽을 때까지 행복해질 수 없습니다.

아론 벡은 커지는 의존성**을 우울병의 특징으로 꼽았습니다.

---

*   Aaron T. Beck, Depression, University of Pennsylvania Press, 1967, p.23
**   Aaron T. Beck, Depression, University of Pennsylvania Press, 1967, p.265

'어디를 향해 걸어가고 있는가'를
의식한다

거듭 강조하지만 사람은 자기 자신에 대해 잘 알아야 합니다.

열등감 그리고 미움받기 싫다는 마음이 너무 강하면 커뮤니케이션
이 이뤄지지 않습니다. 자기 안에 허세가 있고 경쟁심이 과도해도 커
뮤니케이션이 이뤄지지 않습니다.

이런 상태의 사람은 자신을 있는 그대로 받아들이기는커녕 아예
인정하려 들지 않습니다. 막무가내로 자신을 제대로 보지 못하지요.

여유가 없는 탓에 상대 또한 제대로 보지 못합니다. 상대가 제대로
보이지 않으니, 마음속에는 상대에 대한 공포심이 생깁니다. 그것이
피해자 의식으로 나타나지요.

있는 그대로를 받아들이지 않을뿐더러 심리적으로 통하는 게 없는
상태이니, 제대로 된 커뮤니케이션은 당치도 않습니다 .

어쨌든 커뮤니케이션을 하기 위해서는 먼저 자기 자신을 이해해

야 합니다.

자신의 진짜 감정이 어떤 것인지를 이해해야만 커뮤니케이션하는 상대를 비로소 이해할 수 있는 거지요.

상대와 커뮤니케이션할 수 있는 사람은 자신이 어디를 향해 나아가는지를 잘 알고 있습니다.

문제를 쉽게 극복하는 사람

베란 울프는 '공격 노이로제'라는 것을 말합니다. 여기에서 그는 한곳에 에너지를 집중하여 심장병에 걸리기 쉬운 성질을 가진 사람을 '유형 A'라고 불렀습니다.

유형 A의 사람은 조바심으로 말미암아 업무 외의 일에서 문제를 일으키는 경우가 많습니다.

유형 A의 특징을 살펴보면 다음과 같습니다.

첫째, 늘 안달복달합니다.

둘째, 지나친 경쟁심과 성취욕을 품고 있습니다.

셋째, 적의와 공격성을 갖고 있습니다.

나뭇잎이 떨어지는 것을 마치 미사일 공격이라도 받은 양 느낍니다. 그 심리적인 타격은 너무도 큰데, 그것은 한곳에 에너지를 집중하고 살아왔기 때문입니다.

유형 A의 생활은 균형 잡혀 있지 않습니다. 그럼에도 자신이 욕구 불만 덩어리인 채로 마음속에 적의를 품고 있음을 인정하면, 주위 사람들과 잘 지낼 수 있습니다.

자기 자신을 이해하는 것과 타인에 대한 관용이 연관되어 있다는 사실은 이미 연구로 밝혀져 있습니다.* 따라서 일단 자신을 이해한다면 문제에 대한 대처 능력은 높아집니다.

늘 많은 문제가 생기는 사람은 상대를 향한 마음의 통로가 좁습니다. 그런 사람은 우선 자신의 외로움을 인정해야 합니다.

뻔뻔하게 자기 좋을 대로 사람을 이용하려 드는 자는 그런 인물의 마음속 틈바구니로 비집고 들어갑니다. 그 틈새로 깊이 파고들 수 있는 건 무의식의 영역이 큰 탓입니다.

남의 눈에는 그 외로움이 보입니다. 먹잇감을 찾는 사람 눈에는 그 허영심이 또렷이 보입니다. 그리고 마음속 사람에 대한 두려움도 볼 수 있습니다.

---

*   Gordon w. Alloprt, The Nature of Prejudice, A Doubleday Anchor Book, 1958

'누구와 사귀고 있는가'로
자신의 마음이 보인다

　일반적으로 누군가를 '싫어하는 감정'보다 '나 홀로 외롭다는 감정'이 더 강렬하게 느껴지는 법입니다. 그 때문에 외로운 사람은 '저 사람이 싫다'는 감정을 좀처럼 알아차리지 못합니다. 자신의 외로움을 채워준다면 비록 그 사람이 싫더라도 사귀려고 하지요. 사귀는 와중에 자신이 그 사람을 '미워한다'는 걸 깨달아도 어느 순간 자신의 무의식이 그것을 멀리 쫓아버립니다.

　그런 일이 벌어지는 이유는 '미워하는' 감정을 알아차리지 못하는 것이, 애써 그 감정을 외면하는 것이 심리적으로 편하기 때문이죠.

　그런 이의 마음속에는 이 사람도, 저 사람도 미운 상태라서 더욱 사람이 두렵습니다. 특히나 실력 있는 경쟁 상대라면 더욱더 미울 것입니다. 그러나 무의식의 영역에서는 상대를 미워해도 외롭기에 '친구'로 생각하여 사귑니다.

그 경우, 자신이 심리적으로 문제를 가지고 있기에 몹시 부자연스럽습니다.

마음속 깊은 곳에는 무기력이 도사리고 있어서 어디서 무엇을 하든 기분이 나아지지 않지요. 표면적으로 밝은 얼굴을 해도 무의식의 영역에서는 모든 게 싫습니다.

기본적으로 거짓된 삶을 살고 있는 거지요. 그러니 주변 사람들의 눈에는 좀 특이하게 보입니다.

'그때 왜 그 친구를 원했는가?'로 자기 자신을 볼 수 있습니다.

그때마다 사귄 친구들의 빛깔로 자신의 마음을 볼 수 있지요.

허영심이 강한 사람, 뻔뻔한 사람, 열등감이 심한 사람 등등 참으로 다양한 인물이 있는데, 그런 이들과 친구가 됩니다. 그때 자신도 그 사람과 같은 마음의 문제를 가지고 있는 거지요.

또 마음이 무거울 때 역시 상대가 밉지만, 그저 자신이 외로워서 만납니다. '마음이 무겁다'는 감정은 만나는 건 좋지만 상대가 미울 때 생깁니다. 둘이 함께 있는데 마음이 '울적하다'면 상대를 그리 좋아하고 있지 않다는 것입니다. 오히려 미워한다고 보는 게 맞지 않을까 싶네요.

일반적으로 사람은 자신의 두 가지 모습을 좀처럼 알아차리지 못합니다.

첫째, '상대에게 무관심한 자신'입니다.

자신이 얼마나 상대에 대해 무관심한지 좀처럼 알아차리지 못합니다.

둘째, '그 사람을 미워하는 자신'입니다.

따라서 깨달아야 할 가장 중요한 것은 '상대가 밉다'는 감정입니다. 사실, 그 마음속에는 상대에 대한 미움과 함께 두려움을 가지고 있지요.

그 사람을 미워하는
심층 심리

　무의식중에 짓누르는 중요한 감정 중 하나가 상대를 미워하는 것임을 알았다면, 이제 실제로 어떻게 '상대가 밉다'는 걸 깨달을 수 있을까요?

　앞서 말한 '무거운' 마음 외에도, 이를테면 특별한 주제 없이 이야기를 나누는 것이 힘들다면 그 사람을 싫어하고 있는 건지 모릅니다.

　또 만나기 전 무슨 얘기를 할지 화제를 정한다면 그 사람이 싫은 것인지 모릅니다.

　당신은 진심으로 이야기할 상대가 있나요?

　당신은 낯선 사람에게 어떤 상담을 하나요?

　좋아하는 사람이라면 자신의 진심이 나오게 마련이죠.

　좋아하는 사람이 주위에 있다면 굳이 낯선 사람에게 상담 같은 걸할 리 없습니다.

고민하는 사람이 내게 편지를 쓰거나 전화를 걸어옵니다.

그때 나는 그에게 "당신은 친한 사람은 있습니까?"라고 묻습니다. 그러면 그는 "친한 사람이 있다"고 말합니다. 하지만 친한 사람이 있다면 낯선 사람인 내게 고민을 털어놓는 일을 할 리 없을 겁니다. 친한 사람에게 편지를 쓰든 전화를 하든 하겠지요.

당신에게 심각한 문제가 계속 일어난다면, 일단 '내가 주위 사람을 싫어하고 있구나' 하면서 자신을 돌아보는 것이 좋습니다.

상대가 싫다는 것은 곧 자기 자신이 싫다는 의미이기도 합니다.

상대가 싫어지는 가장 큰 원인은 자신의 유아적 원망에 있습니다. 상대가 자신의 유아적 원망을 채워주지 못하기에 불만을 품고 그렇게 상대가 싫어지는 것입니다.

계속해서 자신에게 일어나는 심각한 문제의 진짜 원인은 자신의 무의식에 도사리고 있는 불만과 불안입니다. 불안하기에 주위 사람이 싫어지고, 그래서 심각한 문제가 이어지는 것입니다.

이쯤 되면 눈치챘겠지만, 문제의 궁극적 해결은 '자기 자신을 사랑하는 것'입니다.

커뮤니케이션이 이뤄지지 않는 사람은 자신은 물론 상대도 사랑하지 않습니다.

꽁치를 좋아하는 사람은 꽁치의 어느 부위가 맛있는지를 잘 알고 있습니다. 게다가 꽁치에 관심이 있으므로 꽁치를 가지고 요리도 잘합니다.

같은 맥락입니다. 결국 상대에 무관심한 사람은 상대를 좋아하는 게 아닙니다. 당연한 결과로, 상대와의 커뮤니케이션도 제대로 이뤄지지 않습니다.

커뮤니케이션을 잘하지 못하는 사람은 상대에 대한 애정이 전혀 없습니다.

결국 상대에게 관심을 가지지 않는 한 상대와의 커뮤니케이션이 잘될 턱이 없습니다.

때때로 칼부림 같은 큰 문제가 벌어지기도 하는데, 이 또한 상호 '무관심'과 '싫어함'의 감정에서 비롯됩니다.

그들은 상대에 대해서도, 자신에 대해서도 전혀 이해하지 못합니다. 자기 자신이 호랑이인지 고양이인지도 모르고, 상대가 뱀인지 두더지인지도 모릅니다. 그럼에도 자신에 대해서든 상대에 대해서든 누구보다 잘 알고 있다고 확신하지요. 그러니 칼부림 같은 매우 심각한 문제가 일어날 수밖에요.

진짜로 자신을 알아주는 사람

상대가 어떤 인물인지 꿰뚫어 보는 능력을 지닌 사람과 그렇지 못한 사람은 상대를 대하는 방식부터가 다릅니다.

신경질적인 성격의 소유자라도 상대를 꿰뚫어 보는 능력을 가진 사람이 있습니다.

신경질적인 성격의 소유자는 피해자 의식을 지닌 사람보다 한 수 위입니다. 상대가 좋아할 말을 하면서 틈바구니로 들어갑니다.

속이는 사람과 속는 사람의 차이는 무엇일까요? 속는 사람은 '상대가 보는 자신'이고, '자신이 모르는 자신'입니다.

자신은 쥐에 불과하지만 마치 사자인 것처럼 보이려고 합니다.

그런데 속이는 사람은 상대가 쥐라는 걸 너무도 잘 알고 있죠. 그러면서도 "당신은 강한 사자이군요!"라며 추켜세웁니다.

앞서 말했듯 달콤한 칭찬의 말은 마약과 같습니다. 헤로인만이 마약은 아닙니다. 헤로인으로 몸이 망가진 사람보다 달콤한 말로 망가진 사람이 훨씬 많을 것입니다.

문제는 그렇듯 자기 자신이 어떤 사람인지, 어떤 감정을 느끼고 있는지를 제대로 보지 못하는 사람에게 일어납니다.

하물며 그런 사람은 "나는 나쁘지 않다, 잘못한 게 없다"라고 우깁니다. 그러면서 "늘 나만 호된 일을 당한다" 하며 한숨짓습니다.

자신이 어떤 사람인지, 어떤 감정을 갖고 있는지를 아는 방법 중 '동굴 일기 쓰기'라는 것이 있습니다. 이는 인간이 동굴 안에 살았던 태곳적으로 돌아가는 것입니다. 동굴 속 인간을 일기장에 자유로이 풀어놓는 것입니다. 그건 인간의 원시적 감정을 해방하기 위한 일기로, 글을 씀으로써 자신을 이해할 수 있습니다.

자신의 감춰진 영역을 알아차리도록 도와주는 이는 좋은 사람입니다. 그 사람은 자신을 있는 그대로의 모습으로 받아주는 존재이기도 합니다.

그와 함께 있으면 괜히 잘난 사람처럼 굴지 않고 어깨에 힘을 주지 않아도 됩니다.

그때 그 사람이 자신의 본연의 모습을 받아들인다면 지금까지 깨닫지 못했던 자신의 무의식 영역을 알게 됩니다. '아, 나는 주목받고 싶었구나!' 하고 깨닫는 거지요.

타인과 관계를 맺는 게 싫다는 사람이 있습니다. 그런 사람의 무의식 영역은 매우 큽니다.

커뮤니케이션 능력을 높이기 위해서는 긴장을 풀고 만날 수 있는 사람과 함께해야 합니다.

그러기 위해서는 미국의 심리학자 롤로 메이(Rollo May)가 소개한 '의식의 영역 확대'라는 방법을 써야 합니다.

감춰진 감정을 줄이기 위해서는 신뢰하는 사람이 있어야만 합니다. 그 신뢰하는 사람이 하는 말이라면 귀 기울여 들을 테니 말입니다. 그러면 자신이 미처 알지 못했던 자기 모습을 깨닫게 됩니다.

자신은 무엇을 소중히 생각하는가?

　상대가 비록 싫어도 자신이 '싫어한다'는 걸 인지하고 있다면 문제될 것은 없습니다. 상대를 마음 깊은 곳에서 미워하고 있다는 걸 알면 거기에 걸맞은 대처 방법을 마련할 수 있으니까요. 그것은 상대와 거리를 두는 것입니다.

　진심으로 싫어하는 사람이라면 필요 이상으로 관계를 맺지 않습니다.

　예컨대 회사라면 개인적이거나 비공식적인 회식을 하지 않습니다. 공식적인 연말 모임이라면 참석하겠지만, 대개 그런 자리에서 동료나 상사와는 거의 문제가 일어나지 않습니다.

　상대를 싫어하면서도 영합하여 깊은 관계를 맺기에 문제가 일어나는 것이거든요.

　연거푸 심각한 문제가 일어났다면 스스로 '주위 사람을 싫어한다'

는 사실을 인정하세요.

직장 사람들을 싫어하고 있다는 자신의 속마음을 알면 직장에서 벌어진 문제를 직장 밖으로까지 가지고 나오지 않습니다.

자기 스스로 '진짜 자신'을 인정하지 않고 불안해하기에 온종일 직장에서 느꼈던 불쾌한 감정에 사로잡힙니다.

물론 말이 잘 통하는 사람 사이에서도 문제는 일어납니다. 자기 생각이나 의견을 전하는데, 거기서 문제가 생깁니다. 하지만 문제의 심각도는 다르지요. 상처받을 정도는 아닌 겁니다. 종국에는 서로에 대하여 좀 더 깊이 이해하면서 심도 있는 커뮤니케이션을 하게 됩니다.

무의식을 알기 위해서는 그 외 '자신은 무엇을 남기고 있는가'를 살펴보는 것도 한 방법입니다. 결국 '자신은 무엇을 소중히 하는가?' 입니다. 그걸 알아보는 수단으로 사진이 있을 겁니다.

또 다른 방법은 자신의 주의를 제어해보는 것입니다. 어딘가에 주의를 쏟거나 그 주의를 거둡니다. 물론 생각처럼 잘되지는 않을 겁니다.

그런 때는 자신의 무의식에 있는 문제가 크다고 생각해도 무방합니다. 스스로 제어할 수 없는 것이 무의식의 영역에 있는 거지요. 그런 것을 하나하나 확인해가면, 자신의 무의식에 대하여 깨닫는 게 있습니다.

자신을 알고 실존적 차원에서 커뮤니케이션할 사람을 찾는다면, 기나긴 인생을 그럭저럭 살아갈 수 있을 겁니다.

앞서 자신의 무의식과 마주할 것을 말했는데, 물론 이것은 매우 어려운 일입니다.

커뮤니케이션의 달인에게는 그 무의식의 목소리가 들립니다. 커뮤니케이션을 할 수 없는 사람은 마음속 지혜의 목소리도 듣지 못합니다.

무의식 속에 있는 자신을 깨닫고 그것을 받아들인다면, '거리를 두고 상대에 다가가지 않는다'를 포함하여 인간관계에서 적절히 대응할 수 있습니다.

명성을 얻었기에, 권력을 잡았기에, 큰돈을 손에 넣었기에 잘 풀려갈 만큼 인생은 그리 호락호락하지 않습니다.

몸은 햇볕이 잘 드는 길을 걷고 있어도 마음만은 늘 그늘진 길을 걸어온 사람이 있습니다.

그런 사람은 어릴 적 누군가에게 이런 말을 들었을 것입니다.

"그늘은 좋지 않아."

명성을 갈구해온 사람은 대개 그늘진 마음으로 살아왔습니다. 늘 그늘진 마음으로 살아온 사람의 마음속에는 미움이 있습니다.

'진짜 자신'을 깨닫고 그것을 인정하세요. 그러면 인간관계가 좋아지면서 자연스러운 커뮤니케이션을 할 수 있습니다. 당연히 인생도 잘 풀려갈 것입니다.

열 중 일고여덟과 잘 지내면
충분하다

커뮤니케이션 능력을 키우려면 거듭 강조하지만 '실제 자신'을 알아야 합니다. 이를 위한 효과적인 방법 하나는 인간관계를 관찰하는 것입니다.

무의식은 어디까지나 무의식이기에 당연히 쉽게 의식할 수 없습니다. 그러나 그 무의식은 어딘가에 불현듯 모습을 나타내기도 합니다. 특히 인간관계에서 말이죠.

인간관계가 삐걱거린다는 건 그 사람의 무의식에 무언가 문제가 있다는 뜻입니다.

베란 울프가 말했듯, 사람은 상대의 무의식에 반응합니다. 그의 무의식에 적의나 증오가 있다면 주위 사람은 당연히 그에게 친밀감을 느끼지 못합니다.

모든 사람과 잘 지내는 것도 문제이지만, 반대로 모든 사람과 반목

하는 것도 문제입니다.

열 명 중 일고여덟 명과 원만하게 지내는 이가 정상적인 사람입니다.

세상에는 심리적으로 이상한 사람이 많은데, 그들과도 잘 지내려고 한다면 그게 이상한 일이니까요.

주변 사람 모두에게 불만이라면
이는 욕구불만이다

인간관계에 불만을 가지는 사람이 있습니다. 부모에게 불만이 있고, 아이에게 불만이 있고, 친구에게 불만이 있고, 연인에게 불만이 있습니다. 심지어 상사에게도, 부하에게도, 친척에게도, 사회 전체에도 불만이 있습니다.

이렇듯 주변의 모든 대상을 향해 불만을 품는데, 대개는 그저 욕구불만일 뿐입니다. 자기 자신에게 불만이 있는지라 주위 사람들에게도 불만을 품습니다.

유아적 원망이 해소되지 않은 게 불만인지 혹은 자기실현의 욕구가 채워지지 않아 불만인지는 별개로, 자기 안의 본질적인 욕구가 채워지지 않습니다. 또는 어릴 적부터 자신을 거짓으로 꾸미며 살아왔든지…….

부모의 마음에 들려고 '실제 자신'이 아닌 모습으로 살아왔습니다.

싫은 걸 싫다고 말하지 못하고 살아왔습니다. 한마디로 자기상실, 자기소외인 것이지요.

그 때문에 자신의 마음은 너덜너덜 누더기처럼 해어졌습니다. 그런데 그 사실을 좀처럼 자각하지 못합니다. 여하튼 자신 안에 채워지지 않은 어떤 것이 있는데, 그걸 의식하지 못합니다. 자기실현의 욕구가 채워지지 않은 탓에 불만으로 초조한데, 자신은 그 사실을 깨닫지 못합니다.

초조하거나 이유 없이 불안감을 느낀다면, 그것은 자신의 무의식에 문제가 있다는 뜻입니다. 지금 느끼는 초조감은 그 문제의 본질이 아닙니다.

그 불만은 주위 사람을 통해 느낍니다. 결국, 주위 사람들에게 불만을 품습니다. 유아적 원망이 채워지지 않아서 불만이라면, 그것을 채우면 인간관계에서 불만은 사라집니다.

부모에 대한 불만도, 아이에 대한 불만도, 상사나 동료에 대한 불만도, 배우자에 대한 불만도, 결국 자기 안의 채워지지 않은 욕구가 원인인 거지요.

그런데 그것을 부모, 아이, 친구, 연인, 동료, 상사, 선생님 등 주변 탓으로 돌리는 거지요.

예컨대 상사의 됨됨이가 나쁘다고 혹은 부하의 됨됨이가 나쁘다고 한탄하지만, 사실은 자신의 됨됨이가 나빠서 한탄하는 것입니다. 그 분노의 희생양이 상사나 부하인 거지요.

한없이 주위 사람들을 탓해봐야 해결되는 건 아무것도 없습니다.

주위 사람들과의 인간관계에서 오는 불만을 불식시키기 위해서는 자기 안에 있는 본질적 욕구를 깨닫고 그것을 만족시키는 수밖에 없습니다.

유아적 원망이나 자기실현의 원망 같은 본질적인 것은 좀처럼 스스로 알아차리지 못합니다. 그런 원망이 자기 안에 있다는 사실조차 깨닫지 못하지요.

돈이 없다거나 병에 자주 걸린다거나 날씨가 나쁘다거나 등등의 그런 거라면 간단히 알아차릴 수 있습니다. 그러나 왠지 자신의 기분이 나쁜 원인은 쉽게 알지 못합니다.

기본적 욕구가 채워지지 않았을 때 그것은 좀처럼 알아차리기 어렵습니다. 그런 상태가 결국 주위 사람의 행동거지에 불만을 품는 것으로 이어집니다.

자신을 돌아보고 '나는 주위 사람들에게 마음을 열고 있는지' 한 번 살펴보세요.

자기실현이 최고의 처방이다

지금까지 무의식은 무의식이라서 의식할 수 없다고 말했습니다. 그러나 무의식은 어딘가에 나타나게 마련인데, 무엇보다 인간관계에서 드러난다고 말했습니다.

그리고 어떻게 하면 자신의 무의식을 알아차릴지, 그 구체적인 방법에 관하여 이야기했습니다.

사실, 이를 알아차리는 최고의 방법은 자기실현입니다.

미국의 심리학자 에이브러햄 매슬로(Abraham Harold Maslow)는 다음과 같은 취지의 말을 했습니다. 성장 동기로 움직이는 사람은 타인에게 기대지 않기에 사랑과 미움을 함께 가지는 등의 양가적 상태가 되지 않고 불안한 적의도 좀처럼 품지 않는다고 말이죠.

환경으로부터의 상대적 독립은 불운이나 스트레스 같은 외부 역경에 그다지 영향을 받지 않습니다. 외부 자극에 따라 반응하는 데 비교적 자유롭습니다. 그것은 교류에 소홀한 게 아닙니다.

자기실현을 하는 사람은 자신의 잠재적 가능성이나 적성, 창조성을 살려 자신을 알아야 할 필요성에 따라 살고 있습니다. 그 결과로, 인격이 통합되고 진정 자신이 어떤 사람인지를 알아갑니다. 자신이 정말로 원하는 것이 무엇인지를 알아갑니다. 그리고 자신의 직업, 천명, 운명을 더욱더 깨달아갑니다.[*]

자신을 알기 위해서는 자연 속에 혼자가 되어 '왜 이렇게 되었는가?'를 생각해봐야 합니다.

퇴행 동기로 행동한 것에 방해받으면 크게 상처받습니다.

아이가 무언가를 했을 때 부모는 호들갑을 떨며 과하게 칭찬합니다. 아이는 그 같은 칭찬을 받을 것이라고 기대했지만, 그런 칭찬이 없다면 깊은 상처를 받습니다.

같은 일이라도 '성장 동기를 가지는가' 혹은 '퇴행 동기를 가지는가'에 따라 완전히 다르게 보입니다. 예컨대 '부모가 성장 동기를 가지고 보살피는가' 또는 '퇴행 동기로 가지고 보살피는가'에 따라 자녀 양육의 노고는 전혀 다른 것이 되어버리지요.

아론 벡은 우울병에 관하여 말할 때 적극적인 동기가 결여되어 있

---

[*] 에이브러햄 매슬로, 정태연 · 노현정 역, 존재의 심리학: 자기실현에 이르는 인간 행동과 욕구의 매니지먼트, 문예출판사, 1968

다고 했습니다.*

그 사람이 어떤 동기를 가지고 있느냐에 따라 상황은 달라집니다.

성장 동기로 친절을 베푼 사람과 결핍 동기로 친절을 베푼 사람은 상대가 고마워하지 않았을 때의 심리 반응이 전혀 다릅니다. 성장 동기를 가진 사람은 불만을 품지 않지만, 결핍 동기를 가진 사람은 불만스러워합니다.

"나만 호된 일을 당한다"며 자신이 얼마나 비참한 인생을 살고 있는지를 강조하는 사람은 그것으로 자기 책임을 회피하려고 합니다. 자기 책임을 회피하는 데 피해자 의식을 앞세우는 것만큼 손쉬운 방법도 없지요.

그러나 피해자 의식은 스스로 마음속에 유약함과 두려움을 만듭니다. 그리고 늘 자신을 연약하게 여깁니다.

피해자 의식을 갖고서 타인을 조작하려 한다면, 시간이 아무리 흘러도 자신의 마음속에 강인함은 생기지 않습니다. 아무리 시간이 흘러도 공포감은 사그라지질 않지요.

* Aaron T. Beck, Depression, University of Pennsylvania Press, 1967, p.27

형편없는 자신이라도
인간관계는 원만하다

인간관계가 원만하지 않은 사람이 있습니다. "나는 잘못한 게 없다" 혹은 "나는 나쁘지 않다"라고 확신하는 사람이지요.

자신이 잘못했어도, 나빴어도 인간관계에는 문제가 없습니다. 그런데 사실 자신의 잘못이나 나빴던 사실을 인정하지 않기에 인간관계가 삐걱대는 거지요.

"나는 잘못한 게 없다"고 우기는 사람 대다수는 신경증에 빠져 있습니다. "나는 나쁘지 않다"고 말하는 사람은 인생 문제를 손쉽게 해결할 수 있다고 생각합니다. 그러나 유감스럽게도 인생 문제를 단박에 해결해줄 마법의 지팡이 같은 건 없습니다. 모든 인생 문제는 간단히 해결되지 않습니다.

인생에 마법의 지팡이가 있다고 믿는 사람은 심지어 테러리스트가 되거나 사이비 종교집단에 들어가기도 합니다.

애초부터 사이비 종교집단에 들어가려고 태어난 사람은 없습니다. 테러리스트로 태어난 사람 또한 없지요.

그러나 모든 인생 문제의 해결책으로써 늘 손쉬운 길을 밟아온 결과, 마침내 다다른 것이 사이비 종교집단 혹은 과격한 정치집단인 거지요.

'인생에 마법의 지팡이가 있다'고 생각하여 고민에 빠졌을 때 해결책을 모색합니다. 하지만 누구에게 물어도 만족할 답을 들을 수 없지요. 본디 '없는' 것을 '있다'고 믿고서 묻기에 심리적으로 건강한 사람한테서는 만족할 답을 들을 수 없는 겁니다. 그러나 고민에 빠져 있는 탓에 원하는 답을 들려주지 않는 상대를 원망합니다.

예컨대 이혼을 합니다. 상대방이 잘못했기 때문이라고 생각합니다. 그는 본래 심리적으로 타인과 함께 살아갈 수 없는 사람일지도 모르고, 좋은 인간관계를 만들어가지 못하는 사람일지도 모릅니다.

지금의 그와는 결혼생활을 계속할 수 없다고 가정해보지요. 그렇다면 둘 중 하나를 선택해야 할 것입니다. 그 사람이 성장하든지, 이혼하든지!

이혼을 선택했다고 가정해보죠. 그럼 그 사람은 '이혼의 모든 원인이 상대에게 있다'고 생각합니다. '나는 잘못한 게 없다'는 확고한 생각 때문이지요.

심리적으로 성장하면 해결할 수 있는 문제를 자기 입장을 고집하면서 "나는 잘못한 게 없다"며 상대를 비난합니다.

타자의 어려움을
머릿속에 그려본다

여기에 "나는 잘못한 게 없다"고 말하는 사람에게는 타자가 존재하지 않습니다. 무슨 말인가 하면, 타인 역시 힘들뿐더러 고민하며 살고 있다는 걸 이해하지 못합니다. 자신만 고민한다고 착각하며 살아갑니다. 타인의 고생 따위는 안중에도 없습니다.

인간은 오랜 세월 제각기 고민하고 괴로워하며 살아왔습니다. 열심히 살면서도 이루 헤아릴 수 없는 사람들이 자살이라는 극단적 선택을 했습니다.

병에 걸립니다. 매일의 생활을 철저히 살아내야 한다고 생각합니다. 날마다 꼬박꼬박 식사해야 한다고 생각합니다. 이런 사소한 일도 잘해내지 못하면 결코 행복해질 수 없다고 믿습니다.

'인생의 모든 문제는 손쉽게 해결할 수 없다'는 사실은 조금만 타인의 입장에서 생각하면 알 수 있는 것입니다.

타인의 노고를 이해하는 사람, 자기중심적이지 않은 사람은 인생의 모든 문제가 간단히 해결되지 않음을 잘 알고 있습니다.

그런데 "나는 잘못한 게 없다"고 말하는 사람의 머릿속에는 타자가 없기에 간단히 "어떻게 하면 좋을까?"라고 묻지요.

앞서 말했듯 원하는 답을 듣지 못했으니, 무턱대고 상대를 비난합니다. 그리고 손쉽게 고민이나 고통을 해결할 방법을 가르쳐주는 사람을 따릅니다. 그렇게 만족할 답을 주는 사이비 종교집단에 들어갑니다. 혹은 과격한 정치집단에 가담하지요.

이는 비로소 '진짜 자신'을 스스로 인정하지 않아도 살아갈 동료를 만들었다는 거지요. 그 동료들과 함께 있으면 '유약한 자신, 무책임한 자신, 마음대로 살아가는 자신'은 정신적인 것을 추구하는 멋진 인간으로 변모합니다.

"아무도 나를 알아주지 않는다"고 불평하는 나르시시스트(Narcissist), 일명 자기애자의 유일한 현실은 자신의 이미지로, 타인의 현실 따윈 애당초 없습니다.

실패를 성공으로 열매 맺기 위한 태도

실패를 큰 성공으로 열매 맺기 위해서는 솔직함이 필요합니다.

어떤 일을 하겠다는 목적을 가슴에 품습니다. 목적을 수행하기 위해 굳게 의지를 다집니다. 그리고 실행에 옮깁니다. 결과는 뜻대로 되어가지 않았고, 보기에 따라서는 실패한 듯 보이기도 합니다.

그러나 또다시 같은 일에 맞닥뜨렸을 때 알게 되지요. 전에 있었던 실패로 배운 게 있다면 이번에는 실패하지 않는다는 것을요.

목적 → 의지 → 실행 → 결과

성공은 이런 과정의 반복 속에서 얻어지는 것입니다. '이 과정을 얼마나 체험했는가'로 성공이 결정됩니다.

실패를 통해 어떤 사람은 '때를 기다린다'는 것이 얼마나 중요한지를 배웁니다. 또 어떤 사람은 자신의 성격 때문에 실패한다는 사실을 깨닫습니다. 또 다른 어떤 사람은 '인상이 밝아야 사람이 모인다'는 사실을 통감합니다.

그늘진 얼굴로 실패한 사람은 '표정이 어두우면 정보가 모이지 않는다'는 것을 학습합니다.

거듭 밝힙니다. 사람은 '목적 → 의지 → 실행 → 결과'의 과정을 통해 비로소 성공에 이릅니다. 지식과 기술만으로 성공할 수 있다면 노력이나 고생 같은 건 필요 없을 테지요. 사람과의 마음 교류가 성패를 결정하기도 합니다.

화이트칼라 직장인이 일자리를 잃는 가장 큰 원인은 팀플레이어로서 충분한 능력을 갖추고 있지 않기 때문이라고 합니다.

일이 생각처럼 순탄하게 흘러가지 않을 때 "나에게는 기술이 있다! 나에게는 지식이 있다!"라고 우기며 실패했음을 인정하지 않는다면 영원히 성공할 수 없습니다. 그저 "나만 호된 일을 당한다"며 마지막까지 토라져 살아가는 수밖에요.

실패의 길을 걸어왔음을 인정하고 반성하면서 인간관계를 원만히 풀어가는 일에도 신경을 써야 합니다. 그러면 이미 가지고 있는 기술과 지식에 더하여 그야말로 무엇이든 이뤄주는 도깨비방망이까지 손에 쥘 것입니다.

'내가 선택했다'는 것을 인정한다

고민에서 벗어나기란 분명 쉽지 않은 일입니다. 그럼에도 "내가 이 환경을 선택했다"라고 자신에게 말해보세요.

"이 상황을 만든 건 그 누구도 아닌 나 자신이다."

이렇게 되뇌면서 능동성을 북돋다 보면 고민은 해결점을 향하게 됩니다. 물론 능동성이 하루아침에 체화되는 건 아닙니다.

매일 자신의 생각을 스스로 점검하는 수밖에 없습니다.

힘들다고 엄살 부리고 원망의 말이 입에서 나오려고 할 때 '아, 나는 지금 수동적이구나!' 하고 반성하는 거지요.

당연하다고 생각한 것이 결코 당연한 게 아닙니다. 감사하지 않으면 안 됩니다.

늘 불평하는 사람은 수동적입니다. 누군가가 자신에게 특별한 친절을 보여주길 기다립니다.

타인에게 의지할 때 자기 단련을 잊습니다. 상대가 무언가를 해주지 않으면 불만을 품습니다.

타인에게 기대고 대접받기를 고대합니다. 사람을 이용합니다.

싸울 때 타인에게 의지하는 사람은 어떤 마음을 가진 것일까요?

'저 사람은 나를 지원해주지 않는다', '어째서 좀 더 나를 도와주지 않는가?' 하며 상대를 원망합니다.

그러나 싸우기로 했을 때 조금이라도 도움을 주는 사람이 있다면 '고마운' 마음이 듭니다.

그 우정에 감사하는 마음을 가질지도 모릅니다. 원망할지 혹은 고마워할지는 심리적으로 전혀 다른 것이지만, 실제 상대의 태도는 똑같습니다.

타인에게 의지하는 걸 그만둘 때, 상대의 배려나 애정 그리고 우정을 깨닫습니다.

타인을 원망하는 걸 멈출 때도 중요한 사실을 깨닫습니다. 자신의 무의식에 있는 응어리를 깨닫는 거지요.

타인에게 의지하려 할 때 원망이 시작됩니다.

원망하는 데는 이유가 있습니다. 그것을 그만뒀을 때, 그 사실을 깨닫습니다. 자신의 수동적인 자세를 알아차리는 것입니다.

Chapter 2

'나만 힘들다'의
심층 심리

자기소멸형 인간

　자기소멸형 인간은 오로지 다른 사람에게 인정 및 칭찬을 받고자 고통스러울 만큼 무리하면서 노력합니다. 그 노력은 너무도 자기 집착적입니다. 진정으로 상대를 위한 헌신적인 노력이 아닙니다. 자신에게 힘겹기만 한 그런 노력은 지극히 감정에 치우친 독단적인 행위입니다.

　또한 자기소멸형 인간은 사람을 두려워하여 학대받게 되는 건 아닐까 겁먹습니다.* 이 두려움에서 비롯된 노력은 자기 자신을 지키는 동기로 보상받지 못합니다.

　미국의 유명한 정신과 의사 카렌 호나이(Karen Horney)는 자기소

---

* 　Karen Horney, edited by Bernard J. Paris, The Unknow Karen Horney, Yale University Press, 2000, p.316

멸형 인간의 학대적 반응, 그 주요 근원으로 세 가지를 꼽았습니다.

첫째, 정말로 원하지 않는 주목이나 서비스를 강요당함으로써 학대받는 환경에 놓입니다.

둘째, 기대했던 대가가 없으면, 즉 수익이 없으면 학대받았다고 느낍니다. "와, 이런 일까지 해주다니 고마워!" 하는 말을 기대했지만, 그걸 듣지 못하면 학대받았다고 느낍니다. 그만큼 자신이 한 일에 대한 대가나 수익을 기대했던 거지요.

셋째, 이상으로 좇던 자아상이 상처를 입으면 학대받았다고 느낍니다.*

문제는 실제로 학대받는 것이 아닌데, 자기소멸형 인간은 학대를 받는다고 느낀다는 데 있습니다.

그만큼 그들은 애정 욕구가 강합니다.

요컨대 세 가지 모두, 자기소멸형 인간이 얼마나 강렬하게 애정을 추구하는지를 보여주는 방증입니다.

그런 까닭에 피해자 의식으로 고통받지요. "나를 소중한 사람으로 대해주지 않는다", "나를 이해해주지 않는다", "다들 나를 괴롭힌다", "나만 손해를 본다" 등등의 불평을 하면서 말이지요.

---

*   Karen Horney, edited by Bernard J. Paris, The Unknow Karen Horney, Yale University Press, 2000, p.317

사회 속 자신의 위치를 이해한다

정신과 의사 알프레트 아들러(Alfred Adler)는 건강히 살아가는 데 필요한 것으로, '사회적 감정'을 손꼽았습니다.

사회적 감정이란 사회생활에서 느끼는 애정, 동정, 애국심, 애향심 등의 감정을 말하는데, 한마디로 '내가 사회 안에서 살고 있다'는 마음인 것이지요.

사회적 감정의 본질은 결국 배려하는 마음입니다. 타인과 더불어 공감하고, 동정하고, 협력하는 것입니다. 더 나아가 동물을 학대하거나 살생하지 않는 것입니다.

사회적 감정이 없는 사람의 전형은 자기애자입니다. 자기애자는 상대에게 관심을 주지 않습니다. 마음을 쓰지 않으니, 배려도 없습니다.

확실히 자기애자는 같은 사회를 살아가는 타인에 대해 무관심합니다. 때때로 자신을 좋은 사람으로 보이도록 인사하기도 하는데, 물론 이는 관계 차원의 커뮤니케이션이라고 볼 수 없습니다.

상대에게 마음을 쓸 때도 관심이 있어서가 아니라, 상대에게 그저 자신을 잘 보이기 위한 처세일 뿐이니까요. 이 역시 자기 집착적인 배려일 뿐이지요.

사랑받길 원하는 사람을
사랑할 수 없는 이유

'이걸 하는 것이 나에게 어울릴까?'

이렇게 생각한다면, 분명 사회적 감정이 있는 사람입니다.

그렇다면 사회 속 자신의 위치를 잘 이해하고 있는 것입니다. 타인과 자신의 관계를 잘 아는 상태인 겁니다. 따라서 그 노력은 보상받게 되어 있습니다.

사회적 감정은 인간관계에서 오는 것입니다. 상대가 무엇을 좋아하고 싫어하는지를 이해할 수 있습니다.

사회적 감정을 갖고 노력하면 보람이 뒤따릅니다. 애써 노력한 만큼 행복해질 수 있습니다.

그런데 힘들게 노력해도 보상받지 못하는 사람이 있습니다. 이는 그 노력이 사람과 상관없는 것이기 때문입니다.

"할 수 있는 만큼 노력했다"고 말하는 사람은 많습니다. 그런데 그 노력은 사람과 상관없는 것입니다. 상대의 입장에 서서 상대의 관점으로 노력하는 게 아닙니다.

예를 들어, 좋아하는 사람이 생겼습니다. 그런데 상대가 싫어하는 게 눈에 또렷이 보입니다. '이걸 하면 싫어한다'는 것을 알고 노력하는 사람이 있습니다. 그의 노력은 보상받지요.

좋아하는 사람이 생기고, 상대를 기다립니다. 그때 시간과 에너지가 필요합니다. 물론 정열도 필요하지요. 그러나 기다리는 것을 상대가 싫어한다는 걸 모르는 사람의 노력은 보상받지 못합니다.

상대가 싫어하는 일을 하면 아무리 노력해도 보상받지 못합니다. 아무리 노력해도 인생의 문제는 해결되기는커녕 점차 부풀어 오릅니다. 그래서 "나만 호된 일을 당한다" 하는 엉뚱한 소리를 내뱉는 거지요.

한 여성이 펄펄 끓는 물에 손을 담그고 "보세요, 나는 당신을 이렇게나 사랑한다구요!"라고 말했다는 이야기를 책에서 읽은 적이 있습니다. 그녀는 자신의 사랑을 전하고 싶었겠지만, 마음을 전달하는 방법을 알지 못했던 거지요.

자기애자는 이처럼 자기 집착적으로 마음을 표현합니다. 그것이 우울을 불러오기도 합니다.

필사적으로 자신의 사랑을 전하는데, 상대가 기대한 반응을 보이지 않자 뜨거운 물에 손을 담그는 양상……. 이런 식의 행동을 한들 상대는 조금도 기뻐하지 않습니다.

이런 성향의 사람은 사회적 감정을 가지지 못합니다. 투영성 동일시, 즉 타인이라는 거울에 자신의 감정을 일방적으로 투영하는 심리 상태에 빠져 있으니까요. 그러니 그 어떤 노력을 한들 당연히 보상받지 못합니다.

자신이 신경 써도
상대는 신경 쓰지 않는다

사람과의 관계를 느끼기에 타인에게 공헌하려는 마음이 생깁니다.

사회적 감정이란 사람을 위해 일하자는 감정이지요. 배려로, 서로 돕는 마음입니다.

타인을 배려하는 사람과 그렇지 않은 사람의 에너지 소비 방향은 전혀 다릅니다. 편지 하나를 쓰더라도 상대를 배려하는 마음이 있는 사람은 에너지를 필요로 하지 않습니다. 그렇지 않다면, 편지 하나 쓰는 데도 겁을 집어먹습니다. 많은 에너지가 필요합니다.

마음속에 갈등이 있다면 상대를 제대로 보지 못합니다.

옛 속담에 '개구리 낯짝에 물 붓기'라는 말이 있습니다.

자신은 상대에게 대단한 일을 해주었다고 생각합니다. 그리고 갖 가지 추측을 합니다. '상대는 곤란해할까?', '슬퍼할까?', '낙담하고 있을까?', '화나 있을까?' 등등을요. 그러나 상대는 곤란해하지도, 슬퍼하지도, 낙담하고 있지도, 화내지도 않았습니다.

사람은 보통 자신을 기준으로 상대의 마음을 미루어 짐작합니다. 그리고 대개 그 짐작은 틀립니다. 왜냐하면 상대와 자신은 다르기 때문이지요.

하버드대학교의 심리학 교수 엘렌 랭거(Ellen J. Langer)는 이 같은 것을 '동기혼동'이라고 말합니다.

'이럴 거다, 저럴 거다' 하며 상대의 마음을 추측하는 데 에너지를 소모합니다. 그러고 있을 때 정작 상대는 아무것도 생각하지 않습니다.

자신이 '한 일'을 상대가 까맣게 잊는 일도 있습니다. 아니, 자신이 무언가를 해줬다는 것조차 상대는 모르고 있는 경우도 있습니다.

자신은 대단한 일을 해주었다고 생각하지만, 상대에게는 아무것도 아닌 거지요. 그러니 상대방 입장에서는 그 무엇도 해주지 않은 것입니다.

그런데 상대에 대한 생각이 머릿속에서 떠나질 않습니다.

자신은 '앞으로 상대에게 어떤 태도를 취할까?'를 고민합니다. 그렇게 혼자서 이런저런 고민을 하는 와중에 상대는 고민이라고는 1도 하지 않습니다. 아예 자신에 대한 생각조차 하지 않지요.

대책에 대해 생각하는 건 자신 혼자뿐입니다. 그리고 점차 소모됩니다.

상대는 자신이 추측한 대로의 상대가 아닙니다. 실제 상대는 자신이 생각한 상대와는 전혀 다릅니다.

　자신은 상대를 메기라고 생각하지만, 실제 상대방은 고양이입니다. 메기라고 생각하고 대하면 고양이에게 잡아먹힙니다. 상대가 먹지 않아도 혼자 저절로 쇠약해집니다.

노력해도 알아주지 않는다

"나는 잘못한 게 없다" 혹은 "나만 호된 일을 당한다"라고 말하는 사람 중에는 자기애자가 많습니다. 자신의 상처를 보호하려고 이렇게 말하는 거지요.

"나만 호된 일을 당한다"고 말하면 마음의 상처를 달랠 수 있습니다.

인간은 자기애자적 상처를 방어하기 위해 피해자 입장에 섭니다.*

'결국은 아무도 나를 도와주지 않는다'고 생각하는 자기애자의 사고방식은 '나만 호된 일을 당한다'는 생각으로 이어집니다.

미국의 정신과 의사 조지 웨인버그(George Weinberg)는 사람들

---

* Cramerus, Maryke, Adolescent Anger, Bulletin of the Menninger Clinic, Fall 90, Vol.54 Issue 4, p.512

이 가장 흔히 하는 말로 '아무도 나를 이해해주지 않는다'를 꼽습니다. 이는 말하는 사람이 자기애자임을 보여줍니다.

"내가 이토록 노력하는데……" 하며 불만을 품습니다. "그런데도 당신은 그걸 모르는 거예요" 하며 화를 냅니다.

그건 부모 자식 사이에서도 그렇고, 부부 사이에서도 그렇고, 연인 사이에서도 그렇습니다. 물론 상사와 부하 사이에서도 그렇지요.

그러나 어떤 경우든 자기애자는 상대가 알아주지 않을 노력을 합니다.

상대의 현실은 자신의 현실과 다릅니다. 그런데 그걸 알지 못하지요. 이처럼 불만을 품고 화를 내는 사람에게는 상대가 없습니다.

이것을 '타자의 자기화'라고 합니다. 타자는 타자가 아니라 자신의 연장이라는 것이지요.

그런 사람들의 관계는 공생관계로 봐도 좋을 겁니다. 자율성을 가진 사람들처럼 교제할 수 없습니다.

'내가 이토록 노력하는데…….'

여기서 말하는 노력은 상대에게 도움 되는 것이 아니라 오히려 폐를 끼치고 마는 노력일 것입니다.

자신의 현실과 상대의 현실이 다르다는 걸 인정하지 않는 자기애자에게는 인간관계에서 수많은 문제가 일어납니다.

자기애자인 자신에게 '하고 싶은 일'이 있듯, 타인에게도 '하고 싶은 일'이 있다는 것을 쉬이 인정하지 못합니다.

자기애자는 좀처럼 변하지 않습니다.

고민에 빠진 초등학교 선생님이 한 사람에게 고민을 상담합니다.

그런데 대화가 오가는 중에 왈칵 화를 냅니다. "당신은 교사라는 직업이 얼마나 바쁜지 알기나 합니까?" 하고 말이지요.

그 모습에 상대는 '이러니 주위 사람들과 문제가 일어날 수밖에!' 라고 생각합니다.

'이런 것도 모르는가!' 하는 식의 분노도 때때로 자기애자에게서 볼 수 있습니다. 인간은 만능이 아니기 때문에 상대의 현실을 보면 '모를 수도 있다'는 인식을 하게 마련입니다.

자신이 알고 있는 것을 상대도 마땅히 알아야 한다고 생각합니다. 그리고 자신이 모르는 것은 당연히 상대도 몰라야 하는 거지요. 이런 사고방식을 가진 부류가 자기애자입니다.

인생은 스트레스로 가득하다?

상대가 자신을 이해하지 못할 때 '아, 이 사람의 이해 수준은 여기까지구나'라고 생각하고 마음속으로 어느 정도 상대에 대해 체념하는 것을 자기애자는 하지 못합니다. 거기서 오히려 상대에게 화를 냅니다. "용서할 수 없다"며 그 감정에 휩싸이지요. 그건 자기애자가 자신의 현실과 상대의 현실의 차이를 이해하지 못할 뿐 아니라, 무의식의 영역에서 두려움을 가지고 있기 때문입니다.

자기애자의 무의식은 '고독과 두려움'이라고 말할 만한데, 그만큼 자기애자는 고독을 두려워합니다. 따라서 상대가 자신을 칭찬하고 이해를 표하지 않으면 분노를 느끼는 거지요.

자기애자가 상처받았을 때의 분노란 엄청납니다. 자기애자는 무의식중 늘 두려움에 떨고 있습니다. 그렇기에 상대를 보지 않습니다. 그러니 항상 스트레스를 받고 고민하게 되는 거지요.

개코원숭이는 사납기로 유명합니다. 그 무리 중에는 스트레스 많은 원숭이와 스트레스 적은 원숭이가 있습니다. 스트레스가 많은 원숭이와 적은 원숭이는 어디가 다를까요? 그건 스트레스가 많은 원숭이는 위협과 그렇지 않은 제스처를 구별하지 못합니다. 스트레스가 많은지 여부는 스트레스 호르몬인 코르티솔로 판단합니다.*

"나만 호된 일을 당한다"고 말하는 사람은 자신의 인생이 스트레스로 가득하다고 생각합니다. 그러나 그의 인생은 객관적으로 볼 때 그렇지는 않습니다. 그의 무의식이 다른 사람보다 더 많은 문제를 끌어안고 있을 뿐이지요.

스트레스가 많은 원숭이는 위협과 위협이 아닌 제스처의 구별을 하지 못한다고 앞서 말했는데, 자기애자도 같은 맥락으로 실제로는 상대가 두렵지 않지만, 상대를 보고 있지 않기에 두려운 것입니다.

자기애자는 무의식의 영역에서 고독과 두려움을 무서워합니다.

자기애자는 이제껏 비겁한 사람에게 계속 위협당하며 살아왔습니다. 자기애자는 그 사실을 깨닫지 못하는 한 죽을 때까지 스트레스에 시달리며 고민할 것입니다.

자기애자는 어릴 적에 착취당하며 살았습니다. 사랑받지 못했기 때문에 '사람과 같이' 살아가지 못하는 어른이 되어버린 거지요.

---

*   Norman E. Rosenthal, M. D., The Emotional Revolution, Citadel Press, Kensington Publishing Corp. 2002

칭찬받지 않으면
직성이 풀리지 않는 사람

자기애는 합리적인 판단을 왜곡시킵니다.

자기애자는 자신이 하고 있은 일을 무척 근사하게 여깁니다. 그렇기에 그 생각이 부정당하는 일을 참아내지 못합니다. 고로, 그에 대한 비판은 '악의적 공격'으로 간주하지요.

호의의 제안이나 설명에 대해서도 자기애자는 짜증을 냅니다. 왜냐하면 그 호의 있는 제안이나 설명은 자기애자의 자아도취를 방해하기 때문이지요. 칭찬의 말을 듣지 못하면 자기애가 상처받습니다.

나이를 먹어 늘 우울한 얼굴로 있는 사람은 자기애자일 가능성이 큽니다. 자기애의 상처로 말미암아 화를 억누르고 있기에 우울한 거지요.

맛있는 음식에 대한 욕구 그 이상으로 칭찬을 갈망합니다. 식욕보다 자기애의 욕구를 채우려고 합니다.

자기애자는 "나는 이런 굉장한 일을 했다"며 뽐내기 일쑤입니다. 그 이야기를 상대가 감탄하며 들어주길 바라지만 실상 그렇지 않기에 불쾌해합니다. '나는 이런 굉장한 일을 했다'고 생각하지 않는 상대의 무관심한 태도에 상처를 받습니다.

자기애자에게 자기 자랑은 하나의 일상입니다. 자기애자는 '나는 훌륭하다'는 자아도취에 사로잡혀 있습니다. 비판은 '당신은 그리 훌륭하지 않다'는 것이기에, 비판을 '악의적인 공격'으로 받아들입니다.

그런데 자기애자는 그저 자아도취에 빠져 있을 뿐 사실 자신감은 없습니다. 자신감에는 고독과 공포가 존재하지 않습니다.

사회심리학자 에리히 프롬(Erich Fromm)은 자기애자인지를 판단하는 것 중 한 가지 잣대로, '어떤 비평에 대해서든 과민한 것'을 꼽습니다.

자기애자는 과격한 데다 기분이 늘 불안정합니다. 기분이 좋았다가도 말 한마디에 갑자기 언짢아집니다.

그들은 겸손하기도 하지만 타인의 비평을 받아들이지 않습니다. 겸손하지만 칭찬받지 못하면 상처받는 거지요.

프롬의 말처럼 그들의 겸손 뒤에는 자기 예찬이 숨어 있습니다. 이 자기 예찬이 상처받는 원인입니다.

여기서 자기애자의 착각이 시작됩니다. 자기 존재감에 걸림돌이 있으면 비싼 명품 가방이나 장신구로 여봐란듯이 주위 사람에게 자신을 과시합니다.

자기 존재감에 걸림돌이 되는 게 있으면, 비록 자신이 멋진 경험을 했어도 그것만으로는 불안을 느낍니다. 그 경험을 타인에게 확인받고 나서야 비로소 마음을 놓습니다.

이 자아감(The Sense of Self)이 희박한 성격자로 꼽히는 게 자기애자입니다. 그들은 늘 타인에게 칭찬받지 않으면 마음이 놓이지 않습니다.

자기애자는 "당신이 말한 대로예요" 혹은 "그렇습니다" 하고 동의해주는 사람을 좋아합니다.

공포가 인간관계를 망친다

미국의 심리학자 필립 짐바르도(Philip Zimbardo)는 부끄럼을 타는 사람의 심리적 특징 중 하나로 '실패를 두려워한다'를 꼽습니다.

'실패를 두려워한다'는 게 심리적 특징으로 꼽히기 위해서는 그 뒤에 '강박적 영광 추구'가 있다는 것이 전제됩니다.

그 누구도 실패가 기분 좋을 리 없습니다. 그러나 자질구레한 실패가 자신의 인생을 망쳤다고는 생각하지 않습니다.

실패를 두려워하는 사람과 그리 신경 쓰지 않는 사람이 깊은 관계를 맺으면 옥신각신하는 여러 일이 일어납니다.

여기서 한 이혼 사례를 살펴보죠.

두 사람은 사내 연애로 결혼에 이르렀습니다. 남편은 전도유망한 청년이지만 강박적으로 명성을 좇기에 실패를 두려워합니다.

그의 아내는 과도하게 실패를 두려워하지 않는, 지극히 보편적인 사람입니다. 그녀는 결혼과 동시에 회사를 그만뒀습니다.

어느 날, 남편은 조만간 회사 회의에서 보고할 일이 생겼습니다. 과도하게 실패를 두려워한 남편은 그 보고가 몹시 신경 쓰였지요. 여하튼 실패하면 안 된다는 생각에 스트레스가 이만저만이 아니었습니다. 실패하면 어쩌지, 하며 밤잠까지 설쳤지요. 실패의 두려움 앞에서 그에게 무엇보다 중요한 것은 회의 준비였습니다.

그런 와중에 아내는 함께 쇼핑하러 가자고 말합니다. 아내 또한 직장생활을 해봤기에 그 보고가 어떤 것인지 잘 알고 있습니다. 사실, 아내는 회의 준비로 그리 요란 떨지 않아도 된다고 생각합니다. 아내가 보기에 남편은 이미 충분한 준비가 되어 있습니다.

아내는 회사 다닐 때 회의 전날 동료 사원들은 술을 마셨을 정도로 그런 일을 중하게 생각하지 않았지요. 그러니 쇼핑하러 갈 때가 아니라며 정색하는 남편이 도무지 이해되지 않았습니다.

한편 남편은 회의 준비로 마음이 무거운데 쇼핑하러 가자니, 아내의 제안 자체가 터무니없다고 생각합니다. 남편은 아내의 제안이 자신을 무시하는 것 같고, 존중받지 못하는 것 같아 썩 기분이 좋지 않습니다. 정말이지 아내가 자기 좋을 대로 편하게 생각하는 것 같아 갈수록 불쾌해집니다.

남편은 쇼핑하러 가자는 아내의 제안 자체만으로 화가 끓어오르지만, 그 기분을 직접적으로 표현하지 못합니다. "내가 이토록 어려운 처지에 있는데 어째서 이해해주지 않는 거야" 하며 아내를 원망할 뿐입니다.

물론 대개는 표현하기보다는 그냥 입을 다물어버립니다. 그러니 일상생활에서 부부의 대화는 원활하지 않습니다. 아내 또한 시큰둥해질 수밖에 없습니다.

아내는 '결혼했지만 늘 혼자다' 하는 섭섭한 마음을 품습니다.

아내는 쇼핑하러 가자는 제안을 거부하는 남편을 보고 그저 가기 싫어서 그러는 것이라고 생각합니다.

하지만 남편은 결코 아내를 무시하는 게 아닙니다. 단지 회의 준비로 마음이 무거울 따름이지요.

'중요성'을 감지하는 방법이 다르다

남편은 스스로 '엘리트'라고 생각하는 만큼, 실패했을 경우 사람들의 신망을 잃게 될 거라고 확신합니다. 그것은 결국 자신의 미래에도 영향을 줄 것이라고 생각합니다.

아내를 무시하는 건 결코 아닙니다. 그저 사람들 앞에서 발표하는 게 굉장히 중요하고 클 뿐입니다. 그래서 남편은 두려워하고 있습니다. 스스로 사람들에게 '평가받고 있다'고 믿기에 실패로 말미암아 자신의 그 가면이 벗겨질 것만 같습니다.

하지만 아내는 그 공포를 알 턱이 없지요. 그러니 아내는 남편이 그저 쇼핑하러 가기 싫어 가지 않을 뿐이라고 해석합니다.

이 경우 두 사람의 차이는 실패에 대한 공포의 정도가 다르다는 데 있습니다.

남편은 아내가 자기를 대수롭지 않게 여기는 것 같아서 섭섭합니다. 왜냐하면 "회의 시간에 보고해야 한다니, 정말 큰일이야!" 하는 식으로 말하지 않기에 남편은 자기 일이 대수롭지 않게 취급당하는 것 같기 때문입니다.

물론 아내가 남편을 신경 쓰지 않는 것은 아닙니다. 아내 자신보다 늘 남편을 우선하고 있습니다. 그러나 남편의 '실패를 두려워하는 마음'을 좀처럼 이해하지 못합니다.

아내는 강박적으로 명성을 좇는 유형이 아닙니다. 남편을 중요하게 생각하지 않는 게 아니라 실패에 대하여 과도하게 신경 쓰지 않을 뿐입니다.

똑같은 일을 체험해도 그것을 어떻게 느끼는지는 사람마다 천지 차이가 납니다.

특히 심리적으로 유치한 남편이라면 "큰일이야, 큰일!" 하면서 호들갑스럽게 받아들여주길 바랍니다. 그 점에 주목해주길 바랍니다. 자신이 얼마나 노력하고 있는지 그 자세를 평가받고 싶은 거지요.

사람의 기분에 영향을 미치는 건 '사실' 그 자체가 아닙니다. '사실'을 그 사람이 어떤 식으로 해석하는가에 따르지요.

'사실'이 직접적으로 기분에 영향을 미친다고 착각하기에 인간관계에 문제가 발생하는 것입니다.

상대의 공포감을 이해한다

이윽고 두 사람 사이에 아이가 태어났습니다. 부부의 각기 다른 사고방식 차이는 생활 전반에 걸쳐 넓은 영역에서 문제가 되었습니다.

아내는 귀가한 남편 또한 육아에 동참해주길 바랍니다. 내심 "내 아이이기만 한 게 아니잖아. 당신 아이이기도 하잖아"라고 따지고 싶었지요. 그러나 남편의 머릿속은 온통 회사일 생각으로 가득한 탓에 아이를 돌볼 겨를 같은 건 없습니다.

결국 참다못한 아내가 "아이가 불쌍하지도 않아?" 하며 화를 냅니다. 그러자 남편도 "당신은 뭐가 중요한지 모른다"며 같이 화를 내지요.

업무와 육아라는 중요한 일 두 가지가 아내의 눈에는 모순되는 듯 보입니다.

그러나 사실 업무 하나하나가 가지는 의미와 중요성은 아내와 남편 각자에게 다릅니다.

열등감이 심한 사람은 타인의 말 한마디에 상처받지만, 동시에 칭찬의 말에는 뛸 듯이 기뻐합니다.

열등감이 심한 사람과 자신감 넘치는 사람이 가지는 타인의 말 한마디의 의미는 180도 다릅니다.

부부의 아이에 대한 애정 크기가 겉으로 보일 만큼 다른 건 아닙니다.

여하튼 타인에게 인정받고 싶은 남편에게 승진 여부는 목숨이 달린 중요한 일입니다. 아내의 눈에 별일 아닌 사소한 것처럼 보이는 일이 남편에게는 스트레스의 씨앗이 됩니다. 안절부절못하게 됩니다.

두 사람은 결국 파국을 맞이했습니다.

상대를 이해한다는 건 '상대방의 공포감을 이해하는 것'이기도 합니다. 또는 그와는 반대로 '상대방의 안심감을 이해하는 것'입니다.

노력하면 할수록 힘들어지는 이유

두 사람은 어떤 과정을 거쳐 이혼에 이르게 된 것일까요?

남편은 산책하러 나가는 게 버겁습니다. 그러나 자신의 건강을 위해 두 주먹 불끈 쥐고 산책을 결심합니다. 현관을 나서려고 할 때 아내가 불쑥 한마디 합니다.

"걸을 때는 등을 곧게 펴."

물론 아내는 산책하러 나가는 남편을 격려해줄 생각이었지요. 남편의 건강을 생각한 '애정이 담긴' 말이었습니다. 그런데 남편은 그말에 산책을 포기하고 돌연 집 안으로 들어갑니다.

아내는 그런 남편을 도저히 "이해할 수 없다"고 말합니다. "난 그저 당신의 건강을 위해서 말한 거야" 하며 억울해합니다.

그러나 아내의 선의가 남편의 의욕을 뭉개버렸습니다. 이때 "등을 곧게 펴라"라고 말하는 게 아니라 "어머, 산책하러 가? 꽤 열심히 하네"라고 말했다면 남편은 산책하는 내내 힘내어 등을 펴고 걸었을 거예요.

'등을 곧게 펴라', '가슴을 활짝 펴라', '되도록 약간 위쪽에 시선을 둬라', '배에 힘주고 턱을 당긴 채 걸어라' 등등 이런 게 건강에 좋다는 것쯤은 남편도 이미 알고 있습니다.

그러나 처음부터 그러려면 가뜩이나 컨디션이 좋지 않으니 온 힘을 쥐어짜야 합니다.

잠자코 집에 틀어박혀 있는 남편은 "당신이 말하는 건 이미 잘 안다"고 말하고 싶겠지요.

이 여성이 부모가 되었을 때, 아이와의 관계에서도 똑같은 일이 일어납니다.

애써서 한 노력을 인정하지 않습니다. 아이가 분발해서 무언가를 하면 더 위의 그 무엇을 요구합니다.

아이 입장에서 보면, 이보다 더 자신의 의욕을 꺾는 건 없습니다.

이 어머니는 '가족을 위해서'라고 생각할 테지요. 하지만 그 같은 일이 매일매일 일상생활 곳곳에서 이어지니, 아이는 이윽고 등교 거부를 했습니다. 남편은 입을 다물어버렸습니다.

아내는 "내가 이토록 애쓰는데" 하며 아이와 남편에게 불만을 품습니다.

아내가 노력하면 할수록 아내를 둘러싼 인간관계는 더욱더 나빠집니다. 그것은 아내가 의도했던 것과는 반대로 되어가기 때문이지요.

여기서 아내가 '왜?'라는 의문을 가졌다면 좋았을 거예요.

'어째서?', '왜?'라는 의문은 행운의 문을 여는 열쇠인데, 그것에 관해서는 나중에 이야기하기로 하지요.

그런데 문제는 이 같은 사람은 결코 '왜?' 하며 자문하지 않습니다.

자신의 선한 의도를 굳게 믿고 있기 때문이지요. 그 선의가 독선이라고는 꿈에도 알지 못합니다.

인간관계에서 '선한 의도'는 위험합니다. 그것의 대부분을 독선이 차지하고 있기 때문이지요. 격려할 생각으로 내뱉은 말이 오히려 상대의 의욕을 꺾어버립니다.

남편이 심리적으로 유치하다는 것을 이해할 능력이 아내에게는 부족합니다. 이해가 없으면 관용은 없습니다. 무관용의 정신은 깊어질수록 거대한 괴물로 변합니다.*

이들 부부는 각자 힘껏 노력했습니다. 그러나 결과는 좋지 않았지요. 두 사람의 노력은 결실을 맺지 못했습니다. 아내도 남편도 "나는 잘못한 게 없다"며 끝까지 자기 생각을 꺾지 않았습니다. 아내는 "나만 호된 일을 당한다"라며 자신의 운명을 저주합니다.

---

* Annie Payson Call, As a Mater of Course, 가토 다이조 역, 한 걸음씩 행복에 가다가는 책, 다이와쇼보, 2002, p.123

Chapter 3

당신을 휘두르는
이웃의 자기애자

'자신'으로 머릿속을 채우지 않는다

안정감을 얻고자 주위 사람을 지옥으로 몰아넣으며 살고 있는 사람, 그런 이가 "나만 호된 일을 당한다"라고 말하는 부류입니다.

자신의 고민을 해결하려고 주위 사람들을 불행하게 만들고, 오히려 자신은 피해자 의식을 가집니다. 그것이 "나만 호된 일을 당한다"고 한탄하는 사람이지요.

이것은 신경증의 특징입니다.

신경증에 휩싸이면 자기 고민에만 몰입합니다. 그런 탓으로 주위 사람의 슬픔이나 괴로움에 무관심해집니다. 이 세상에서 타인의 기분이라는 것이 싹 사라져버립니다.

자신이 심리적으로 편해지는 것 외에 세상에는 아무것도 존재하지 않습니다.

나를 찾아오는 사람들이 털어놓는 얘기를 듣자면 '어쩌면 이토록 자신만 생각하는지' 놀라울 따름입니다. '나, 또 나, 그리고 또 나'로 머릿속이 가득합니다.

"이 세상에는 다른 사람도 살고 있다"고 말해도 도무지 귀 기울여 듣지 않습니다.

"나는 고민하고 있어요", "나는 힘들다고요", "나는 고통스러워요" 하며 오로지 자기 이야기만 합니다.

그 같은 고민에 괴로워하는 사람에게 "나 역시 힘든 일이 있다"고 말해도 그냥 무시합니다. 아니, 무시한다기보다 귓등으로도 듣지 않습니다. 앞서 말했듯이 그저 "나는 힘들어요"라는 말만 반복할 뿐입니다.

"그 사람이 이렇게 해주지 않는다", "이 사람은 그렇게 해주지 않는다"며 타인에 대한 요구사항들을 끊임없이 늘어놓습니다.

"좀 더 소중히 대해주길 바란다", "좀 더 이해해주길 바란다", "좀 더 신경 써주길 바란다" 하면서 말이지요. 타인을 자신의 욕심을 채워주는 대상으로밖에 생각하지 않는 거지요.

타인이 자신과 다를 바 없는 인간임을 생각하지 않습니다.

'날 상담해주는 이 사람도 나와 똑같은 인간이기에 해결하지 않으면 안 될 문제를 가지고 있을지 모른다' 하는 역지사지의 생각을 하지 못합니다.

'이 사람도 나와 똑같은 인간이기에 지금 인간관계로 고민하고 있을지 모른다, 경제적으로 어려움을 겪고 있을지 모른다, 아이가 병에 걸려 힘들지 모른다, 내 고민에 딱히 어떤 방법을 제시하지 못할지 모른다' 등등의 생각은 꿈에도 하지 못합니다.

　오직 그들의 마음속에 있는 건 '나는 이토록 힘든데 차갑게 군다'
는 상대에 대한 불만입니다. '내 고민을 해결해줄 방법을 진지하게
내놓지 못한다'며 불만을 품습니다.

사소한 문제에 호들갑 떠는 사람

〈전화 인생상담〉이라는 라디오 프로그램 담당자에게 자주 전화가 걸려옵니다. 상담 선생님과 이야기를 나누고 싶다고 부탁하기 위해서지요.

담당자가 "상담 선생님은 지금 일로 바쁘다"고 말하면 "내가 이토록 고민하고 있는데 어떻게 그런 말을 할 수 있느냐?"고 버럭 화를 냅니다.

고민하는 사람은 도저히 어른이라고 볼 수 없을 만큼 자기중심적입니다. 상담 선생님에게도 직장이 있고, 가정이 있고, 해야 할 일이 있다고 아무리 말한들 전혀 수긍하지 못합니다.

"상담받고자 하는 사람이 당신만 있는 게 아니라 도저히 요구사항을 받아들일 수 없다"고 말해도 "나는 고민이 이만저만이 아니다!" 하며 분통을 터뜨립니다.

라디오 담당자는 그토록 '자기중심적으로 생각하며 살아가니 편할 것'이라고 말하지만, 정작 본인은 편하기는커녕 괴로울 뿐입니다.

다른 사람의 눈에는 고민하는 사람은 '저토록 저 좋을 대로 살고, 자기중심적으로 생각하며 주위 사람의 사정 따위는 안중에 없으니 불만 같은 건 없을 것'으로 보입니다. 그러나 정작 고민하는 사람은 그와는 정반대로 생각합니다.

고민하는 사람의 이야기를 들어보면, 제삼자가 보기에 별것 없는 사소한 일로 심각히 고민합니다.

심리적으로 건강한 사람은 그들에게 '다른 사람들은 좀 더 심각한 문제를 갖고 있다'고 말해주게 마련입니다.

신경증 환자는 "상처받았어, 상처를 받았다구!" 하며 호들갑을 떱니다. 그러나 보통 사람은 그 모습을 보고는 '다른 사람은 더 심각한 상처를 받았어도 그럼에도 견디며 살아가고 있다. 너무 요란스럽게 우리 옆에서 상처받았다고 호들갑 떨지 마라'라고 생각합니다.

"나는 상처받았다, 상처받았어!" 하며 요란을 떠는 신경증자는 타인에게 더 큰 상처를 주고 있는 거지요.

하지만 그들은 그 사실을 알지 못합니다.

자기 일이면 아무리 사소한 것도 굉장히 중대한 게 되어버립니다. 타인이 보기에 사소한 일인데도, 그것을 이 세상에서 가장 중요한 일인 양 타인이 다뤄주지 않으면 마치 학대당한 듯한 기분에 빠집니다.

신경증자와 심리적으로 건강한 사람을 똑같이 다루면, 신경증자는 몹시 불공평하다고 생각합니다. 자신의 자그마한 불행을 마치 이 세상의 비극처럼 여기며 주변 사람들이 반응해주지 않으면 언짢아합니다.

신경증자가 꽤 다쳤다고 가정해보죠. 주변의 누군가가 뼈가 부러졌습니다. 신경증자는 "골절 같은 걸로 사람들이 그쪽만 신경 쓴다!"며 배알이 뒤틀립니다.

신경증자에게 자신의 찰과상은 목숨이 오락가락하는 응급환자 이상으로 중대히 다뤄지기를 바랍니다. 그렇게 해주지 않는다면 타인에게 불만을 품습니다.

고민하는 신경증자의 자기중심성은 보통 사람의 상상을 초월합니다. 그리고 어처구니없게도 신경증에 빠지면 실제로 자신의 찰과상은 뼈가 부러지는 것 이상의 고통이 됩니다. '나만 호된 일을 당한다'고 느끼지 않을 수 없게 되는 거지요.

신경증자에게 찰과상은 실제로 목숨이 위태로운 일입니다. 그래서 심리적으로 건강한 사람이라면 하루가 지나면 잊어버릴 일임에도 신경증자는 그로 말미암아 극단적인 선택을 하기도 합니다.

신경증자에게는 '나는 힘들다'는 말로 모든 게 가능해야 '마땅'합니다. 모든 책임에서 벗어나야 '마땅'합니다. 그것이 신경증적 요구이자 피해자 의식입니다.

그렇지 않다면 괘씸하다고 느낍니다. 신경증자란 심리적으로 아픈 사람입니다. 그래서 '나만 이토록 힘들다'고 생각합니다. '나만'이라는 피해자 의식이 짊어진 고민에 무게를 더합니다.

심리적으로 건강한 사람은 '에휴, 이 정도로 끝나 천만다행이다'라고 생각합니다. 역경에 강한 사람은 현실을 있는 그대로 받아들입니다. 그러면 마음의 여유가 생기고 에너지가 샘솟습니다. 그렇게 짊어진 고민의 무게가 가벼워집니다.

비현실적인 정신증적 요구

사람과 마음을 주고받는 교류를 통해 자기중심성은 극복할 수 있습니다.

사람과 마음의 교류가 이뤄지면 자연히 자기중심적인 경향은 사라지게 마련이지요. 상대라는 존재가 자연히 자신의 현실 속으로 들어오기 때문입니다.

마음이 서로 통할 때, 예컨대 사과를 먹으려고 합니다. 자연히 '상대도 먹고 싶지 않을까?' 하는 생각이 들어 상대방에게 "먹을래요?" 하고 묻게 마련입니다.

실상, 어른의 자기중심성은 사람과의 커뮤니케이션이 이뤄지지 않고 있다는 증거인 거지요.

자기중심성과 커뮤니케이션의 관계를 분명히 의식하는 것은 살아가는 데 꼭 필요합니다.

그중에서 제3의 특징은 '거기에 걸맞은 노력을 하지 않는다'는 것입니다. 그러나 본인은 온 힘을 다하여 노력했다고 생각합니다.

본인은 거기에 부합하는 노력을 할 생각입니다.

열심히 힘을 내보지만, 도무지 잘되지 않습니다.

그것은 상대와 마음이 통하지 않은 탓에 상대가 무엇을 원하는지 모르기 때문이지요.

상대가 원하지 않는 일을 하고 상대를 위해 애써 노력했다고 생각하는 거지요. 상대는 자신이 기대한 대로 움직이지 않습니다.

그래서 짜증이 나는 가운데 인간관계가 순조롭게 되어가질 않습니다. 이윽고 '자신은 상대를 위해 이토록 노력하고 있는데⋯⋯' 하며 상대에게 불만을 품습니다.

'돼지 목에 진주'라는 말이 있습니다. 이러한 맥락으로, 상대가 고양이라는 걸 알지 못합니다. 상대는 고양이가 아니라 그저 자신의 연장에 불과합니다.

이른바 '타인의 자기화'라는 거지요.

그 점에서 신경증자의 노력은 자기중심적 노력입니다.

다른 사람이 하는 것의 두 배로 노력을 쏟는데 모조리 기대를 벗어난 채 끝납니다. 그리고 그때 느낀 불만은 복수심을 낳습니다. 결국 신경증적 요구의 제4 특징은 요구 뒤에 복수성이 있다는 것입니다.

내친김에 말해두면, 신경증적 요구의 제1과 제2는 비현실성과 자기중심성입니다.

노력이 늘 기대를 벗어난 채로 끝나버리는 건 상대와 마음이 통하지 않았기 때문입니다. 마음을 주고받고 상대가 무엇을 기대하는지를 비로소 이해할 수 있습니다.

그 점에서 조지 웨인버그가 말한 것, '억압이 심한 사람은 상대가 자신에게 무엇을 기대하는지 잘못 짚는다'는 지적이 중요합니다. 역시 억압하면 커뮤니케이션 능력을 잃고 모든 것이 순조롭게 되어가지 않지요.

사람과 마음이 통하지 않기에 상대를 향한 요구는 비현실적이 됩니다.

현실에 접한다는 것은 사람과 마음을 주고받는 것입니다.

신경증이란 커뮤니케이션 능력이 없다는 것이기도 합니다.

따라서 현실적이란, 요컨대 커뮤니케이션할 수 있다는 말이 됩니다.

자기애자의 능력

이렇게 노력하고 있음에도 '나만 힘들다'고 생각하는 사람은 노력의 동기가 잘못되어 있다는 걸 알아차리지 못합니다.

어느 회사에서 새로운 부장을 맞이하기 위한 환영회에 큼지막한 케이크를 선물로 가져온 사람이 있었습니다. 사실 선물로 케이크라니, 부적절하지요. 그런데 그 사람은 '케이크가 정말 훌륭하다'는 말을 기대하고 사 왔던 것입니다.

솔직히 말해 부장에게는 짐이 되는 선물입니다.

그 자기애자는 그것으로 부장에게 최선을 다할 생각이었는데, 막상 기대한 반응이 보이지 않습니다. 이내 '내가 이토록 애썼는데' 생각하며 부장을 원망하며 자기 기분을 스스로 망칩니다.

세상에는 늘 상대를 원망하며 어두운 인생을 보내는 사람도 있습니다. 그들은 모두 '나는 이처럼 최선을 다하고 있다'며 자아도취에 빠져 있습니다.

자기애자가 아닌 부하는 부장의 책상 위 꽃병 물을 갈았습니다. 그런 행동은 눈에 띄지는 않지만 지켜보는 사람이 있게 마련입니다.

그 사람은 자신이 바라던 시기에 휴가를 신청하여 즐겁게 시간을 보냈습니다. 그러나 자기애자는 원하는 기간에 휴가를 갈 수 없었지요. 그러자 '왜 나만 호된 일을 당하는가?'라며 부장에게 불만을 품었습니다.

요컨대 자기애자는 노력해도 기대한 만큼 성과를 올리지 못합니다. 그것은 상대의 마음을 보지 않기 때문이다. 상대와 커뮤니케이션을 하지 못하는 탓입니다. 노력하지만 독선적인 노력이라서 '이렇게 될 것'이라고 기대했던 것이 어그러집니다.

자기애자는 자신을 어필하기 위해 열심히 움직입니다. 그러나 상대는 자기 도구로서의 상대이지, 자신과는 다른 인격을 가진 고유 존재로서의 상대가 아닙니다.

'타자의 자기화'입니다. 상사는 있지만, 자신과 분리된 고유한 존재로서의 부장이 아닙니다.

자기애자는 자아도취 상태이지만, 자신이 없습니다. 정작 자기 부재의 상태인 겁니다.

사람은 타인을 만났을 때 자신과도 만납니다. 자신과 만났을 때 타인과도 만납니다.

자기중심적인 사람은 상대의 입장에 서서 생각하기는커녕 자신에게 다가오는 사람이 하이에나인지 개인지 비둘기인지조차 알지 못합니다. 상대를 잘 들여다보면 독사인지 다람쥐인지를 알 수 있습니다.

인간은 겉으로 보기에는 다 똑같지만, 마음속은 제각기 다릅니다. 독사와 다람쥐의 차이는 비할 바가 아니지요.

상대의 입장에 서서 생각할 수 있는 사람은 스스로를 지킬 수 있습니다. 그것은 자신에게 다가오는 상대를 똑바로 보고 '이자는 사자다. 잡아먹힐 수 있으니 도망가자'라고 생각할 테니 말이죠.

그러나 상대를 보지 않는 자기애자는 악질적인 상사에 휘둘리고 이용당합니다. 하기 싫은 일만 하고는 "나만 호된 일을 당한다" 하며 한숨짓습니다.

다른 동료들은 그 상사가 얼마나 뻔뻔한지를 똑똑히 보고 있기에 그 상사와 깊이 관계하지 않으려고 합니다. 마음이 강한 사람은 상대의 마음에 들기 위해 무리하여 노력하지 않습니다.

"나만 호된 일을 당한다"고 탄식하지 않는 비즈니스맨은 상대를 똑바로 봅니다. 따라서 '이 상사는 제 잇속만 챙기는 뻔뻔한 사람'임을 간파하고 상사와 마음의 거리를 둡니다. 무리하여 좋은 사람인 척 연기하지 않지요.

진지하게 마주하기에 보상받는다

형이상학적으로 보상받으려 하면 오히려 보상받지 못합니다.

무슨 일이든 대충하면 자신의 한계가 어디인지 알지 못합니다. 나이에 따른 체력의 한계도 알지 못합니다.

강의 전 과정을 끝마치자면 학생들이 시험 답안지에 '1년간 감사했습니다. 때때로 피가 얼어붙을 만큼 긴장하기도 했지만 매우 도움이 되는 수업이었습니다'라거나 '월요일 수업은 정신분석론만 있지만 단 한 번도 결석한 적이 없습니다. 수업 중에 배운 것을 가지고 앞으로 잘 살아가겠습니다'라는 말을 적기도 합니다.

그런 글을 읽으면 1년 동안의 노력이 보상받는 기분입니다.

하지만 1년 동안 대충 학생들을 가르쳤다면 답안지 끄트머리에 적힌 감상문 같은 걸 읽어도 노력이 보상받았다는 생각은 들지 않을 겁니다.

진지하게 온 힘을 다하여 수업에 임했기에 '노력이 보상받았다'는 중요한 걸 깨달을 수 있는 거지요.

진지한 태도로 체험했을 때, 허세가 얼마나 공허한 것인지를 알게 됩니다.

허세를 부리며 살면 뼈저린 추억은 쌓이지 않습니다. '무엇을 했는가?'라는 질문을 받아도 절절한 마음으로 들려줄 추억담이 없습니다.

대입 시험은 물론 입사 시험조차도 잊힙니다. 감정이 기억하는 게 없습니다. 몸은 살아 있지만 마음은 죽었습니다.

절절했던 추억을 떠올리고 무심코 눈물을 흘리는 건 감정적 기억 때문입니다.

노력해도 성과가 나오지 않는 까닭

자기애자의 노력이란 어떤 것일까요?

이른바 스태미나 음식인 장어가 몸에 좋다고 생각하면 비록 상대가 장어를 싫어해도 그것을 대접합니다. 그러고는 상대에게 엄청나게 좋은 일을 했다고 생각하지요. 배가 고프지 않은 사람에게 굳이 손수 만든 도시락을 대접하려고 애씁니다. 술은 백약 중 최고라면서 어린아이에게 술을 먹이려 합니다.

거듭 말하지만 자기애자는 상대를 보지 않습니다. 상대와 자신과의 관계를 염두에 두지 않습니다.

체한 사람에게 떡을 쥐어주고는 '좋은 사람'으로 평가받기를 바라는 이와 뭐가 다를까요? 상대에게 관심이 없고 자신만 보기에 스스로 엄청난 일을 했다 여기고 당연히 상대가 고마워할 것이라고 기대합니다.

노력해도 성과를 올리지 못하는 사람이 있습니다. 자신이 그러하다면 일단 스스로 자기애자는 아닌지 돌아볼 필요가 있습니다.

성과를 올리지 못하는 노력은, 상대를 보지 않은 독선적인 노력입니다. 자신은 엄청난 일을 했다며 뿌듯해하지만, 상대는 질색합니다.

게다가 사회 안에서 자신이 어떤 위치에 있는지를 제대로 이해하지 못합니다. 자신을 에워싼 인간관계 속에서 자신이 어떤 입장인지를 모릅니다.

모든 사람이 자신에게 그런 노력을 기대하고 바라는 것은 아닙니다. 그러나 당연히 자신의 노력은 결실을 보지 못합니다.

자기애자는 상대를 보지 않는다고 말했습니다. 그것은 거듭 말했듯 상대에게 관심이 없기에 당연하다면 당연한 일입니다.

보통 사람들은 상대가 자신의 이야기를 흥미롭게 듣고 있는지 별 관심이 없는지 살핍니다. 거기서 비로소 커뮤니케이션이 성립됩니다. 그런데 자기애자의 이야기는 대개가 자기 자랑입니다. 그 이야기로부터 상대는 자신을 굉장한 사람으로 평가하리라 생각하는 거지요.

그러나 상대는 그 자기 자랑 때문에 꺼림칙한 사람으로 봅니다. 이 '어긋난' 평가를 자기애자는 도저히 이해할 수 없습니다.

그런 까닭에 시간이 흐를수록 자기애자의 인간관계는 나빠집니다. 여하튼 주변에 질 좋은 사람이 없습니다. 그러니 당연히 갖가지 일이 순조롭게 되어가지 않습니다.

무슨 일이든 결국 자신이 생각한 대로 되지 않습니다. 그리고 무엇보다 인간관계가 순탄치 않습니다.

또한 자아도취에 빠진 자기애자는 똑같은 실수를 반복합니다. 왜냐하면 현실과 맞서지 않기 때문이지요. 그건 무능해서가 아니라 그저 커뮤니케이션 능력이 없기 때문입니다.

주인공이 아니면
성에 차지 않는 사람

자기애자는 장소를 묻지 않고 자신이 주인공이 되고자 합니다. 독재자가 되고자 하는 사람도 있습니다. 자기애자에게는 타자라는 현실이 애당초 존재하지 않기에 타인들을 자신의 소유물처럼 생각합니다.

그 집단이 자신의 지배 아래 있다면 온 힘을 다해 노력합니다. 비록 생산적인 것은 아니지만, 자기애자의 에너지원이 됩니다.

자기애자는 그 집단을 자신의 소유물로 여기는 한 열심히 일합니다. 그러나 그건 그 집단을 위한 것이 아닙니다. 어디까지나 자신의 이익을 위한 거지요.

자기애자에게 그 집단은 명백한 자신의 소유입니다. 따라서 그 집단이 자신이 생각하는 대로 움직여주지 않는다면 돌연 의욕을 잃고 태만해집니다. 최선을 다하여 노력한 것은 그 집단에 흥미가 있어서

라기보다 그게 자신의 것이었기 때문입니다.

외향적인 자기애자는 무슨 일이든 개의치 않고 주인공이 되려고 합니다. 어느 한 가지 일에서 스스로 주인공이 되고 싶은 게 아닙니다. 어떤 영역이든 상관없이 모두의 주목을 한 몸에 받길 원합니다. 그래서 무슨 일이든 중뿔나게 나대고 사람들의 시선을 받으려 합니다. 타인이 주인공이 되는 게 싫다면 '혹시 나는 외향적인 자기애자가 아닐까?' 자신을 돌아보고 반성할 필요가 있습니다.

외향적인 자기애자는 늘 자신이 주인공이기를 바라는 탓에 아무래도 질투가 강합니다. 괜히 다른 사람의 발을 걸어 넘어뜨리고 싶지요. 그 결과, 장기적으로 보면 사람들과 원만히 지내지 못합니다.

자기애자는 타인에게 관심이 없기에 시기하고 질투하게 되는 거지요.

타인에게 관심이 있다면 그 사람이 성공하기까지 얼마만큼 힘겹게 노력해왔을지, 얼마나 큰 희생을 치렀을지 알겠지요.

그러하기에 성공한 사람을 봐도 질투하지 않습니다. 그런데 자기애자는 타인에 대한 관심이 없어서 보이지 않는 곳에서 그 사람이 얼마나 노력했을지 짐작도 하지 못합니다.

그러면서도 '자신은 노력하고 있다'고 생각하지요. 타인의 노력은 보려고도 하지 않으면서, 자신의 노력은 과대평가하는 것이 자기애자입니다.

자기애자가 타인의 노력을 과소평가하는 것은 타인에게 관심이 없기 때문이지요. 타인에게 관심이 없으니 보이지 않는 곳에서 타인이 얼마나 노력했는지를 보지 못하는 겁니다.

자기애자가 자신의 재능을 높게 생각하는 것도 타인에게 관심이 없기 때문입니다. 타인에게 관심이 있다면 타인의 재능도 알아볼 수 있습니다. '뛰어나다'고 알아차립니다.

하물며 자신의 재능도 객관적으로 판단할 수 있습니다. 자신을 상대화할 수 있는 거지요.

자기애자는 결국 사회적으로 좌절하고 맙니다. 상대를 보지 않고 상대의 말을 듣지 않기 때문이지요.

민폐로 전락하는 '빗나간 정열'

일반적으로 자기애자는 병약한 사람이나 아픈 사람 혹은 지능, 교육 수준, 가정 형편에서 자신보다 못한 상대를 선택합니다.

자기애자 남성에게 병약한 여성은 자신의 자기애가 상처 입을지 모른다는 공포를 느끼게 하지 않습니다.

따라서 자기애자 남성에게 병약한 여성은 매력적이지요. 그녀가 병약하다는 사실이 그의 상처 입은 자기애를 기분 좋게 합니다. 병약한 여성은 그의 상처 입은 자기애에 전혀 위협이 되지 않습니다.

그 여성이 건강해지는 것은 자기애자 남성에게는 매우 곤란한 일입니다.

사실 병약한 상대 여성의 역할 같은 것을 자기애자는 '나만 호된 일을 당한다'는 말을 앞세워 맡게 됩니다.

"나만 호된 일을 당한다"고 말하면 자신의 상처 입은 자기애로부터 자신을 지킬 수 있기 때문이지요.

세상에는 상대를 불행에 가둔 채 자신에게 구속하려는 사람이 있습니다.

"당신을 위해 나는 이토록 노력하고 있다"며 상대를 괴롭힙니다.

상대를 자신에게서 벗어나지 못한 상태로 만들고 생색을 내어 상대를 괴롭힙니다.

이것은 전혀 드문 일이 아닙니다. 사람은 자신의 갈등에 타인을 끌어들여 해결하려고 합니다.

그것이 가장 손쉬운 해결 방법이기 때문이지요.

손수 노력하여 상대를 비참한 상태에 끌어들이고서 "나만 힘들다"고 한탄합니다.

어쩌면 현재 사는 것이 고단한 사람은 이렇듯 생색내는 누군가에게 시달리며 살아온 탓일지 모릅니다.

그리고 이번엔 자신이 "나만 호된 일을 당한다"고 말하는 사람이 되어버립니다. 그러고는 주변을 공격합니다.

이 말에는 감춰진 공격성이 있습니다.

학생들에게 사랑받지 못해 의기소침한 교사가 있습니다.

자기애자인 교사는 정열만 있습니다. 이 정열이 자기애의 에너지인 거지요.

그러니 열심히 가르치는 만큼 교육 효과가 나지 않습니다.

결국 이런 자기애자는 학생들을 희생시킬 뿐이지만, 그 사실을 꿈에도 모릅니다.

그럼에도 자신은 학생을 위해 최선을 다하는 교사라고 굳게 믿습니다.

결국 아무리 노력해도 교육 효과는 마이너스에 그칠 뿐입니다.

중요한 것은 이런 자세로 살아가면 그 어떤 노력을 해봤자 결실을 보지 못합니다.

이는 현실의 자신을 소중히 여기는 것보다 자신에 대한 타인의 이미지를 위해 노력하기 때문입니다. 또한 그것이 깨지지 않도록 노력을 기울이기 때문입니다.

피해자 의식을 가지는 가해자

상대에게 흥미나 관심이 없습니다.

따라서 신경증자는 자신이 가해자임에도 피해자 의식을 가집니다. 그리고 때때로 피해자인 타인을 비난하고 매도합니다. 피해자를 절대로 용납할 수 없습니다.

이렇듯 세상에는 도저히 믿기지 않는 일이 벌어지기도 합니다.

피해자가 가해자를 용서하지 않는 심정은 잘 압니다.

그러나 공격적 신경증자는 자신이 가해자인 주제에 피해자를 용서하지 않습니다.

물론 제대로 된 사람이라면 절대 할 수 없는 일이지만, 현실에서는 피해자가 가해자로부터 비난받고 매도당하는 일이 일어나고 있습니다. 현실 세계에서는 비상식적인 일들이 얼마든지 일어납니다.

그게 신경증적 경향이 강한 사람의 세계입니다.

피해자는 평범한 정신의 소유자이지만, 가해자는 신경증자입니다.

예컨대 신경증 환자가 의사를 찾아왔다고 해보죠. 의사는 그를 치료하기 시작합니다. 그때 환자와 상식적 차원에서 말이 통한다면 성공적인 치료가 이뤄질 것입니다.

그러나 신경증자는 비현실적일 만큼의 높은 기대감을 품고 있기에 결국 환자가 기대한 치료는 이뤄지지 않습니다.

그러면 의사를 비난하고 매도하기 시작하지요. 그 비난과 매도가 정의로운 일이라고 믿습니다.

사실, 환자는 자신의 병을 치료해준 의사에게 고마워하는 게 당연하지만, 신경증자의 경우에는 그것에 분노합니다. 피해를 입었다고 생각합니다.

신경증자는 '이것도, 저것도' 비난하기만 합니다. 주위 사람이 보면 그 같은 요구는 너무도 탐욕스럽지만, 정작 본인은 자신의 요구가 받아들여지지 않으면 불공평한 취급을 당했다고 생각합니다. 그래서 "나는 피해를 봤다"고 불평합니다.

어떤 사람과 화해하려고 하지만 생각일 뿐 그를 위한 구체적인 행동을 미루기만 합니다.

그렇게 화해하지 못했다고 하여 상대를 비난합니다.

《이솝 이야기》에는 〈낙타와 제우스〉라는 우화가 있습니다.

뿔을 자랑하는 소를 보고 낙타는 부러워하면서 자신도 뿔이 있으면 좋겠다고 생각합니다.

낙타는 제우스를 찾아가서 뿔을 달라고 부탁하지요.

제우스는 낙타가 몸도 크고 힘도 센 것에 만족하지 않고 쓸데없는 것까지 원하는 데 화가 나서 뿔을 주기는커녕 긴 귀를 짧게 잘라버립니다.

너그러운 관용의 마음을 가진다

   똑같은 경험을 해도 관용적인 사람의 이야기와 그렇지 못한 사람의 이야기는 전혀 다릅니다. 관용적인 사람은 "좋은 경험을 했다"고 말하지만, 관용적이지 못한 사람은 "호된 일을 당했다"고 말합니다.

   관용적인 사람의 욕구불만 내성은 비교적 높습니다.* 이는 어떤 가정에서 성장했는지로 갈립니다.

   '관용적인 아이는 허용적 분위기의 가정에 많습니다. 그들은 환영받고 인정받고 사랑받고 무슨 일이든 할 수 있다고 생각합니다. 심한 꾸지람이나 변덕스러운 벌이 없기에, 어떠한 때 부모의 호된 꾸지람이 떨어질지 모른다며 경계하지 않아도 됩니다.'**

---

*   Gordon W. Allport, The Nature of Prejudice, A Doubleday Anchor Book, 1958
**   Gordon W. Allport, The Nature of Prejudice, A Doubleday Anchor Book, 1958

관용적인 사람은 관용적으로 성장할 수 있는 인간관계 속에서 살아왔습니다. 자연히 커뮤니케이션을 학습하며 성장합니다.

"나는 잘못한 게 없다. 나만 호된 일을 당한다"고 말하는 사람은 모두 관용적인 성격이 될 인간관계 속에서 자라지 못했습니다. 그러니 자연스럽게 커뮤니케이션을 학습하며 성장하지 못했습니다. 그러므로 자신이 비록 관용적이지 못하다고 하여 자책해서는 안 됩니다.

자책한들 무슨 의미가 있겠습니까?

자책할 시간이 있다면 관용적인 사람에게서 행복해지는 방법을 배우는 것이 좋습니다.

관용적이지 못한 사람은 심리적으로 건강한 사람보다 훨씬 시련 많은 인생을 신으로부터 선물받았습니다.

'마음을 가라앉히고 신이 나에게 무슨 말을 들려주려고 하는지'를 생각해보세요.

관용적이지 못한 사람은 생각한 대로 일이 되어가지 않으면 욕구 불만으로 말미암아 심하게 상처받습니다. 자신이 피해를 받았다고 느끼지요.

'이렇게 되어야 한다'고 믿는다면 자신이 가해자임에도 불구하고 피해자로 느껴지는 건 결코 이상한 일이 아닙니다.

자신이 멋대로 요구하여 문제를 일으키고서는 그 사람 때문에 스트레스를 받아 살이 빠졌다고 말합니다. 자신은 이 문제의 책임자가 아니라고 생각합니다.

그 사람이 늘 화내는 이유

　신경증자는 마음의 갈등을 자기 뜻대로 외부 세계를 움직여 해결하려고 합니다. 그래서 비현실적인 요구가 끊임없이 분출됩니다. 생각한 대로 일이 진행되지 않으면 그것은 이 세상 어딘가에 문제가 있기 때문이라고 생각합니다.*

　신경증자는 자신이 멋대로 품은 거대한 자기 이미지에 맞춰 주위 사람들이 자신을 다뤄주길 요구합니다. 자신이 원하는 대로 일은 마땅히 해결되어야 한다고 여기지요.

　그런 엉터리 같은 일이 이 세상에 통용될 리 없습니다. 신경증자가 기뻐하도록 주변 사람들은 신경증자를 대하지 않습니다. 세상은 일

---

*　Karen Horney, Neurosis and Human Growth, W. W. Norton & Company, 1950, p.41

인자가 아닌 사람을 일인자로 대접해주지 않습니다. 스타도 아닌데 스타로 대하지 않는 것입니다.

따라서 신경증자는 늘 화가 납니다.

그 화난 모습에 주위 사람들은 놀라지요. 왜 저 사람이 화를 내는지 도통 이해할 수 없으니까요. 왜 자신이 그 분노의 대상이 되어야 하는지 이해할 수 없으니까요.

친절을 베풀어도 비난받고 매도당할 때가 있습니다. 그것은 신경증자가 자신은 좀 더 친절한 대접을 받아야 마땅하다, 좀 더 중요한 인물로 대우하는 게 마땅하다고 생각하기 때문입니다.

비난받고 매도당한 사람은 왜 자신이 그 같은 대우를 받아야 하는지 도저히 이해하지 못합니다. 친절을 베풀었으니까요.

요컨대 신경증자는 주위 사람들이 좀 더 소중히 대해줘야 마땅하다고 생각하는 거지요.

자신이 어떤 곤란한 일을 겪으면 그것은 주위 사람이 잘못했기 때문입니다. 따라서 주위 사람들을 비난합니다.

좁은 골목에 있는 집이 피해를 입었습니다. 이웃에 새 주택이 지어졌기 때문입니다. 도로가 더 좁아진 데다 공사로 말미암아 벽도 현관도 손상을 입었습니다. 큰 피해가 아닐 수 없지요.

그런데 새 주택에 이사 온 이웃집 여자는 좀 더 집을 넓히려고 이웃 부지를 자신의 토지라고 주장하기 시작합니다.

피해를 본 집은 목수를 불러 집을 수리합니다. 그러자 이웃집 여자는 냅다 달려와 목수에게 시끄럽다며 화를 냅니다. 목수는 "저 집 여자 때문에 도저히 일할 수 없다"며 가버립니다.

어쩔 수 없이 경찰을 부릅니다. 경찰은 "이웃집 아주머니가 몹시 화를 내서 도저히 어찌할 수 없다. 변호사를 불러 재판하는 게 좋겠다"고 말할 뿐입니다.

옆집 여자는 "나는 심한 피해를 보았다"며 동네방네 소리치고 다닙니다.

'나는 잘못한 게 없다'는 말도 '나만 호된 일을 당했다'는 말도 정도의 차이는 있지만 본질적으로는 같습니다.

그들은 현실에서 늘 가해자입니다. 때때로 상식적으로는 도저히 이해되지 않지만, 피해자 의식을 가집니다. 그러나 현실에서는 타인의 것을 훔치고, 부수고, 해를 입히는 등 무슨 일이든 하는 가해자입니다.

그럼에도 자신이 위해를 가하고 있다는 생각은 꿈에도 하지 않습니다. 그러기는커녕 '자신은 피해자'라고 생각합니다.

'힘들다'가 아니라
'어떻게 하면 좋은가'를 생각한다

살아가는 게 힘든 신경증자는 어쩌면 좋을지 모릅니다. 그래서 "힘들다!"라고 부르짖는 거지요. 크게 "힘들다!"라고 소리침으로써 증오의 감정을 토해내는데, 마음이 조금은 편해집니다. 그렇기에 늘 '힘들다!', '괴롭다!'를 입에 달고 삽니다.

그들의 말은 커뮤니케이션을 위한 언어가 아닙니다. 따라서 그들이 "분하다!"라고 소리쳐도, "힘들다"라고 소리쳐도, 이후 '어쩌면 좋을까?'로 이어지지 않지요. '원망스럽다!', '분하다'를 상대방에게 들려주려는 게 진짜 의도이기 때문입니다. "분하다"라고 소리치면 속이 후련해집니다.

그들은 "아프다!"라고 외칩니다. 그러나 스스로 치료하고 고치려는 생각은 하지 않습니다. '아프다!'는 '당신이 무언가 해줘요!'라는 외침입니다.

아프다고 했는데 상대가 "이러면 어때요?" 하고 제안하면 흥이 깨집니다. 왜냐하면 "이러면 어때요?"라고 제안한 것을 자신이 해야만 하기 때문입니다.

'힘들다', '분하다', '아프다'라는 말은 대화가 아닙니다. '당신이 도와줘야 해요'라거나 '당신이 해결해야 한다'는 의미입니다. '힘들다!'도 '분하다!'도 '아프다!'도 '당신 때문에 이렇게 됐다'는 것으로, 자신에게는 책임이 없습니다.

그들은 자신이 먼저 무언가를 할 마음이 눈곱만큼도 없습니다.

몸 상태가 나빠지면 상대가 자신을 의사에게 데리고 가야 하고, 의사는 자신을 치료해야만 하지요. 자신의 건강에 대한 책임이 자신에게는 없습니다. 자신의 건강 책임은 상대와 의사에게 있습니다. 몸 상태를 나쁘게 만든 책임은 의사를 비롯한 주위 사람들이 짊어져야 하는 거지요.

그들은 쭉 이렇게 살아왔습니다. 그렇게 사회적으로 점점 고립됩니다.

그들에게는 무책임이 허용된 유아기가 없었습니다. 그 때문에 어른이 되어도 무책임이 용인된 유아기인 채로 살아갑니다. 심리적으로는 아직 유아인 것입니다.

그리고 사회적으로 어른이 되어 더 이상 유아로 살아갈 수 없게 되면, 신경증이 되거나 죄를 범하거나 알코올 의존증이 되거나 도박에 빠지거나 우울병에 걸리거나 은둔형 외톨이가 되거나 약물중독에 빠집니다.

그들은 마지막까지 자신의 인생을 책임지려고 하지 않습니다.

Chapter 4

지금껏 참아온
나를 해방하는 법

사람과의 치유관계에서
에너지가 생긴다

애써 노력하여 사랑받으려는 사람은 자기 자신을 잃습니다. 자기 상실이지요. 자연스러운 커뮤니케이션을 하지 못해서 기브 앤드 테이크의 관계를 만들지 못합니다.

사랑받으면 행복해질 수 있다는 생각에 사랑받고자 참는 사람이 있습니다. 사랑받으려는 마음에 "이렇게 해줘, 저렇게 해줘, 이런 말을 들려줘" 하며 쉬지 않고 무언가를 해주길 바라지요.

그러나 세상에는 이렇듯 끊임없는 요구사항을 모조리 충족시켜주는 환경이란 없습니다. 그러면 당연하게도 불만을 품게 됩니다. 그 불만을 참으면 어느 사이엔가 증오심이 싹틉니다. 가까이에 있는 사람에게 불만과 증오심을 품습니다.

좋은 사람처럼 행동하고 사랑받으려는 이는 타인을 사랑할 능력이 없습니다.

틀어진 관계는 깨어집니다. 무리하여 유지하려고 해도 자신을 잃을 뿐이지요.

그런 각오로 부딪칠 때 마음은 성장합니다. 마음이 단단해집니다. 보고 싶지 않은 진실을 봄으로써 성장합니다.

자연스러운 커뮤니케이션을 주고받는 가운데 부딪치면서 상호 마음의 문이 활짝 열립니다.

대화에는 자기를 표현하는 대화와 자기를 감추는 대화, 두 가지가 있습니다.

자신을 감추고 이야기하면 상대를 향한 마음의 통로는 차츰 닫힙니다. 살아갈 에너지를 잃습니다. 감추기 때문에 사소한 일들이 중요한 것처럼 느껴집니다. 게다가 감춰야 할 것이 점점 많아집니다. 그 결과, 사람과 있으면 움칫거립니다. 사람과 있으면 피곤합니다. 감추는 대화라서 치유를 선사하지 않습니다. 따라서 왠지 늘 초조하고 짜증이 나 있습니다.

사람은 치유관계에서 인생을 살아갈 에너지를 얻습니다. 치유관계가 없으면 에너지는 생기지 않지요.

참고 견디며 사랑받고자 하는 사람은 자신에게는 가치가 느껴지지 않아서 괴롭습니다. 그 결과, 다른 데서 생색을 내게 됩니다. 예컨대 부부관계에서 참는 부모는 자신의 아이에게 생색을 냅니다.

무리하여 무엇이든 받아들여 사랑받으려는 사람은 자신이 아니기에 살아 있다는 실감이 없습니다.

'당연하다'는 것이 사람을 괴롭힌다

인정받고자, 받아들여지고자, 사랑받고자 '이래야 한다! 이러지 않으면 안 된다!'고 믿으며 살아가는 사람은 자신으로서 살아가는 게 힘듭니다.

카렌 호나이가 '당연이라는 폭군'에 대해 말했지요. 이 '당연이라는 폭군'에 지배당하여 살아가는 사람은 마음의 노예가 됩니다.

'당연이라는 폭군'에 사로잡힌 사람은 어릴 적부터 부모와의 관계에 실패했습니다. 자연스러운 커뮤니케이션을 잃어버린 친자관계에서 아이는 공포를 학습했습니다.

살아가는 게 고통스러운 사람은 무리하여 자신을 가장하여 사랑받고자 하기에 자기상실에 빠집니다. 자기상실에 빠져 있기에 사람을 사랑할 힘을 잃고, 그런 까닭에 사랑할 수 없습니다. 이 악순환의 늪에 점점 빠져듭니다. 사랑할 수 없기에 무리해서라도 노력해야만 사랑받을 수 있다고 생각하는 거지요. 이런 심각한 착각을 합니다.

무리하지 않으면 진정 사랑받을 수 있습니다. 무리하여 자신이 아닌 태도로 살아가기에 매력을 잃고, 좋은 사람이 자신의 곁에서 멀어집니다.

살아가는 데 고민하는 사람은 늘 자기 자신만을 봅니다. 자신을 중심으로 상황을 파악하고 생각하지요. 사람과의 관계 속에서 그 상황을 객관적으로 파악하려고 하지 않습니다. 그 결과 "왜 나만 이토록 힘들어야 하는가!"하며 세상을 원망하게 됩니다.

살아가는 것이 괴로운 사람은 지금을 사는 데 온 힘을 다합니다. 그러니 상대를 볼 마음의 여유 같은 건 없지요. 그 결과, 사람과 마음을 주고받지 못하고 살아갈 에너지를 얻지 못합니다. 그리하여 더욱더 살아가는 게 힘들어집니다.

지금을 사는 데 온 힘을 다하는 사람은 대체 무엇을 위해 최선을 다하고 있는 걸까요? 자신이 아닌 자신을 연기하고 사람에게 인정받기 위해서입니다. 그러하기에 자신의 목적을 간과하고 말지요. 지금 자신이 진심으로 무엇을 원하는지 알 수 없게 되어버립니다. 지금을 살기 위해서 온 힘을 다하는 사람, 무리하여 타인의 마음에 들려고 하는 사람은 '자신의 목적'을 모른 채 살아갑니다.

언젠가 슬리퍼 끈이 끊어졌다는 이유로 자살한 사람의 이야기를 들은 적이 있습니다.

고작 슬리퍼 끈이 끊어졌다는 게 자살의 원인은 아닙니다. 이미 그

시점에서 그 사람은 온 힘을 다해 살아왔고 앞으로 그 이상으로 무언가를 하려고 해도 더는 그럴 수 없는 상태였을 것입니다.

컵에 물이 넘칠 듯 그득하게 담겨 있는 상태인 거지요. 거기에 한 방울의 물을 부으면 컵 속 물은 흘러내립니다.

예를 들어보죠. 초등학생이 학교에 가기 싫어합니다. 그러나 가야만 하기에 집을 나섰지요. 그런데 도중에 비가 내리기 시작했고, 우산을 가지고 있지 않은 아이는 집으로 돌아와버립니다.

여기서도 우산이 없다는 게 학교를 안 간 진짜 원인이 아닙니다. '학교 가기 싫다'는 생각이 등교를 포기한 진짜 원인입니다.

사는 게 힘든 '진짜 원인'은 자기 자신이기를 포기했기 때문입니다.

인정받지 않아도 된다

왜 그렇게 된 것일까요?

그건 어릴 적 무기력했던 그 무렵, 사람에게 인정받지 못하면 살아갈 수 없다는 공포감을 학습했기 때문입니다. 인간관계 속에서 살아갈 때 삶의 에너지가 생긴다는 것을 학습하지 못했습니다. 사랑함으로써 살아갈 에너지를 얻는다는 것을 학습하지 못했습니다.

그와 반대로, 하기 싫은 일을 계속하면서 살아갈 에너지를 잃었습니다. 일례로, 데이트하더라도 싫어하는 사람과 데이트하는 건 힘들고 괴롭습니다. 에너지가 생기지 않습니다.

토끼가 사슴 흉내를 내며 살았습니다. 그랬더니 혼자 있을 때 몹시 힘들었지요. 사슴으로 살아가는 것은 주위의 기대 때문입니다.

사람은 자기 자신도 믿을 수 없을 만큼 놀라운 힘을 가지고 있습니다. 그런데 현재의 불안과 긴장이 그 힘의 발현을 방해합니다.

이기지 못해도 괜찮다, 합격하지 못해도 된다고 생각할 때 실력을 발휘할 수 있는 거지요. 성적이 나빠도 상관없다고 생각하면 어느 순간 긴장이 풀립니다. 그럴 때 본연의 실력이 나옵니다.

자신에겐 힘이 없다고 생각하는 사람은 '성적이 나쁘면 큰일'이라는 위협적인 환경에서 살아왔습니다. 그런 인물들에 둘러싸여 살아온 거지요.

'이 시간을 버린다. 허투루 보내도 좋다'고 생각해야죠. 그것으로 마음이 차분해집니다.

'죽을 각오로 온몸을 던질 때 살아갈 방도가 보인다'는 말이 있습니다. 그런데 우울병에 휩싸인 사람은 이 같은 생각을 버리지 못하고 지금 있는 것들에 집착합니다.

다른 사람의 마음에 들지 않아도 상관없다고 생각할 때, 진짜 자신을 깨닫습니다.

사람에게 인정받지 않으면 '큰일'이라고 생각하지만, 실제로 큰일 같은 건 일어나지 않지요. 고작 해봤자 인기가 없다는 정도일까요. 결국 본인의 '인정받고 싶다'는 마음이 문제인 거지요.

인정받고 싶다는 마음이 사라지면 살아가는 데 몸도 마음도 편안해집니다.

지금 직장을 바꾸면 큰일이라는 생각에 상사의 얼굴색을 살피고 자긍심을 잃습니다. 자신을 상실합니다. 그러나 담대하게 지금 직위를 잃어도 좋다고 생각하면 자긍심과 자신감을 고취할 수 있습니다.

오늘부터 스스로 진짜 좋은 것, 좋아하는 음식을 찾도록 노력해보세요.

사람에게 인정받지 않으면 살아갈 수 없다는 공포감을 학습한 사람은 지금껏 마음이 통하는 인물을 만나지 못했습니다.

우화처럼 말하면 다음과 같습니다.

자신이 고양이인 줄 모르는 고양이가 개 흉내를 냅니다. 그러나 개처럼 즐겁게 뛰어놀 수 없었습니다. 그래서 고양이는 여우 흉내를 냈지요. 역시 신나지 않았습니다. 그때 고양이가 찾아왔습니다. 고양이를 흉내 내며 놀았습니다. 이번에는 매우 즐겁게 뛰어놀았습니다. '고양이는 정말 좋구나!'라고 고양이는 생각했지요.

어머니의 의존심을
받아주지 않는다

아이의 이야기에 귀 기울이지 않습니다.

어머니는 "다 너를 위해 하는 말이다!"라며 불만스러운 얼굴로 말합니다. 어머니 자신은 모든 것을 바쳐서라도 자녀를 사랑할 생각입니다.

"그런데 어째서 엄마 말을 듣지 않는 거니?"라고 아이를 꾸짖습니다.

어머니 자신은 '아이를 위해 말한다'고 생각하지만, 실상은 아이를 향해 자신의 욕구불만을 배출하고 있을 뿐입니다. 욕구불만의 배출구가 아이인 셈이지요.

그런 관계 속에서 아이는 사람에게 인정받지 않으면 살아갈 수 없다는 공포감을 학습합니다.

어머니가 아이에게 "너를 위해서"라고 말할 때는 대개 가정도 일도 좀처럼 생각대로 되어가지 않습니다.

예컨대 남편과 사이가 좋지 않습니다. 하물며 무엇 때문에 관계가 삐걱거리는지도 알지 못합니다.

물론 욕구불만의 원인은 남편과의 관계가 아니라 다른 관계일 때도 있습니다. 그래서 어머니의 마음은 불안정합니다. 초조하고 자꾸 짜증스러워집니다. 어머니는 그 짜증의 원인이 아이에게 있다고 확신하고 아이한테 책임을 전가합니다.

기본적으로 어머니가 짜증 나는 원인은 '이상적인 자신'과 '현실 속 자신'의 차이에 있습니다. 어머니의 의존심, 자기애입니다.

그래서 아이는 그런 어머니와 산다는 게 얼마나 무서운 것인지를 학습하지요.

반대의 경우도 있습니다. 부모는 사랑하는 아이한테서 살아갈 에너지를 얻습니다. 그래서 아이는 자신을 소중히 여기며 살아가는 방법을 배웁니다. 그리고 부모와 아이는 서로를 치유하는 관계가 됩니다.

어릴 적 이 같은 관계를 학습하는 사람과 공포감을 학습한 사람이 있습니다.

공포감을 학습한 아이는 앞에서 말했듯 좋은 사람인 양 행동하여 사랑받으려고 하는 이가 됩니다. 자신이 무리하여 얻은 사랑은 평안하지 않지만, 억지스럽게 사람으로부터 사랑받으려고 합니다. 사랑받음으로써 마음의 상처를 치유하려고 하지요. 오직 자기 마음의 상처만을 치유하려는 것밖에는 생각하지 못합니다.

그 결과, 아이는 어른이 되어도 온 힘을 다하지만 결실을 보지 못하는 헛된 노력만 합니다. 그토록 무리하여 노력한 것이 사태를 악화시킵니다. 그것은 공포감을 학습하고 사랑을 체험하지 못했기 때문입니다.

아이의 성장에 가장 도움 되는 것은 자신이 가진 힘에 자신감을 갖도록 돕는 거지요.*

"너를 위해 하는 말이다"라고 말하는 어머니는 아이를 돕는 게 아니라 아이의 성장을 방해하는 것입니다. 어머니도 미처 알지 못하지만, '너를 위해 하는 말이다'라는 어머니의 말은 독선적인 사랑의 외침입니다.

"나만 호된 일을 당한다"고 한탄하는 사람과 같은 착각을 하는 거지요.

---

* 에드워드 호프먼, 김필진 · 박우정 역, 아들러 평전: 자아를 위한 분투, 그리고 개인심리학의 탄생, 글항아리, 2019

'착한 사람'의 성실함은
스스로를 궁지에 몰아넣는다

가련함을 내세워 자신의 처지를 호소하는 사람을 보면 누구든 '싫다'고 생각합니다. '좋은 사람'이라고는 생각하지 않지요. 이런 부류의 사람이 어떤 좌절을 겪어도 사람은 "왜?"라며 놀라지도 않습니다.

그러나 성실함이든 가련함이든 타인의 마음에 들기 위한 수단이라는 점에는 다르지 않습니다.

가련해 보임으로써 타인의 호의를 얻으려는 여성을 보고 사람들은 어떻게 생각할까요?

그녀는 자신을 화젯거리로 올리고 있을 뿐으로, 조지 웨인버그에 의하면 그녀가 자기연민에 빠져 있다는 증거입니다.

그녀는 늘 자신이 얼마나 가련한지를 말할 뿐, '앞으로 어떻게 살아가야 할지'에 대해서는 말하지 않습니다.

이 여성처럼 가련함으로 호소하면 어떻게든 되어간다고 생각하는 사람도 있고, 성실하면 어떻게든 될 것이라고 생각하는 사람도 있습니다.

이들은 그렇게 하면 누군가가 자신을 사랑하고 보호해줄 것이라고 생각합니다. 양쪽 모두 수동적입니다. 자신의 힘으로 '이 인생을 개척하자'는 의욕이 결여되어 있지요.

우울병이 될 만큼 성실한 직장인은 성실하지 않으면 타인의 마음을 끌 수 없다고 생각합니다. 그 성실함은 타인의 호의를 얻기 위한 것입니다. 타인에게 받아들여지기 위한 거지요.

마찬가지로, 이 여성도 자신을 가련함으로 호소하지 않는다면 타인의 관심을 끌 수 없다고 생각합니다. 자신을 믿는 사람은 타인의 마음을 끌 필요를 느끼지 못합니다.

결국 문제는 이겁니다. 좌절하는 '착한 사람'의 성실함은 무엇을 위한 것일까요?

좌절하는 사람의 성실함은 자기 인생의 목적을 달성하기 위한 것이 아닙니다. 그들은 성실함으로써 사랑을 갈구합니다. 성실한 척하지만 그들의 마음속은 '나를 사랑해줘요!'라고 부르짖는 거지요. 이 점에 대해서는 가련함으로 호소하는 여성도 다르지 않습니다.

좌절하는 성실한 직장인도 회사의 보호를 받기 위해 성실함으로 무장하는 경우가 많지요. 그래서 많은 직장인이 성실하지만, 회사에 불만을 품습니다. 회사로부터 보호받고자 성실한 것인데, 기대한 보호를 받지 못합니다. 그러니 불만이 생기는 것입니다.

그것이 심해져 회사에 신경증적으로 애정을 요구하는 직장인도 있습니다. 결국 뼈가 부서지도록 일하고 있으니, 회사는 자신을 좀 더 대우해줘야 한다는 거지요.

물론 일을 열심히 하고 성실하다는 동기에는 사람의 호의를 얻고 사랑받는 것, 보호받기를 갈구하는 것만 있는 게 아닙니다. 그러한 동기 외에 다른 동기도 있습니다.

그들은 마음속 깊은 곳에서 '자신은 사랑받을 가치가 없는 인간'이라고 어렴풋이 느낍니다. 결국 자신이 고독한 것은 사랑받을 가치가 없는 인간이기 때문이라고 생각합니다. 자신에 대한 절망감이지요.

그러하기에 사랑받기 위해서는 일을 열심히 할 필요가 있습니다. 그것은 이른바 우울한 열정입니다. 자신이 무력한 인간이라고 느끼지 않기 위해서 열심히 일하고 성실하게 행동하는 거지요.

세상의 평가에 신경 쓰며 성실하게 행동하는 직장인도 있습니다. 혹은 허세를 떠는 직장인도 있습니다. 그런 사람들은 세간의 웃음거리가 되지 않으려고 성실히 일합니다.

성실히 일하는 것이 그들에게 안전하지요. 여기에 도피의 메커니즘으로 열심히 일하게 되는데, 이것은 일이 좋아서 열심히 하는 사람과는 다릅니다.

사랑받기 위해
무리하지 않는다

　사랑받고자, 호감을 주고자, 보호받고자, 동정받고자 성실해지려는 사람만 있는 것은 아닙니다. 개중에는 자신의 약점을 과시하여 사랑받고 호의를 얻으려는 사람도 있습니다.

　그런 '좋은 사람'에게 가장 중요한 점은 지금 자신이 무엇을 하고 싶은지를 이해하는 것이고, 자신이 할 일을 스스로 결정하는 사람이 되는 거지요. 그러기 위해 사랑받고자 무리하지 않는 거예요.

　그리고 무엇보다도 그들 행동의 근원에 있는 고독감을 이해하는 일입니다.

　'좋은 사람'이 이토록 살아가는 게 힘들고 고된 것은 상황이나 환경 탓이 아니라 외롭기 때문인데, 타인에게 사랑받는 것만 생각하여 자신을 잃었기 때문이라는 걸 깨달아야 합니다.

　'좋은 사람'은 사람에게 사랑받고자 너무 무리합니다. 직장인이 자기 능력을 초과하여 일하다가 하얗게 타버리는 거지요.

'나는 성실히 살아왔다. 필사적으로 노력했다. 그런데 좋은 일은 눈곱만큼도 일어나지 않았다. 오로지 힘들기만 하다'는 사태에 이르는 것은 자신을 잃었기 때문입니다.

'좋은 사람'은 확실히 필사적으로 노력합니다. 그러나 대체 '누구를 위한' 노력일까요? 다시 한 번 진지하게 생각해보세요. 결코 타인의 행복을 위해서가 아닙니다.

그러나 거절했다가는 미움받을 것이라는 생각에 억지로 그 사람과 만난다면, 그건 상대에 대한 배려로 만나는 게 아닙니다. 그저 미움받는 게 무섭다는 얘기밖에 되지 않습니다.

'가짜 자신'을 지키기 위해서요. 불행을 불러오는 것은 이렇듯 가짜 자신을 지키는 것입니다.

쉽게 "네"라고 말하지 않는다

'좋은 사람'은 늘 무리하여 친절을 베풉니다. 지금 하는 일이 5일 후 어떤 결과를 가져올지 생각하지 않기에 행동하지요. 지금 상대에게 "네"라고 말한 것이 1개월 뒤 얼마나 큰 부담이 될지 생각하지 않습니다. 지금 상대에게 좋은 얼굴을 함으로써 1년 뒤에 얼마나 큰 소모를 하게 될지 생각하지 않습니다.

따라서 그 부담으로 말미암아 상대와의 관계가 싫어집니다.

또한 '좋은 사람'은 상대를 보지 않기에 자신이 지금 "네"라고 말하는 것이 상대에게 얼마만큼 이점이 되는지도 생각하지 않습니다.

상대는 가벼운 마음으로 부탁하는 것인지 모릅니다. 어쩌면 거절해도 상대는 아무렇지 않을지 모릅니다. 그럼에도 "네"라고 말하고 스스로 무거운 부담을 짊어집니다.

상대는 그리 필사적으로 부탁하는 것도 아닙니다. 시험 삼아 그저 한번 물어볼까 하는 정도였을지 모릅니다.

따라서 '좋은 사람'은 혼자 짊어질 수 없는 무거운 부담을 짊어지고 그 사람을 위해 온 힘을 다하지만, 상대는 딱히 고맙다고 생각하지 않습니다. 그러니 불만을 품게 됩니다.

'좋은 사람'은 표면적으로는 친절한 듯 보여도 사실은 상대에게 불만이 있습니다. 기대한 감사의 마음을 얻지 못했으니까요.

마음에 들기 위한 행동이 기대한 효과를 얻지 못합니다. 그러기는 커녕 오히려 역효과를 가져오는 일도 많지요.

학대를 허용하고 노력해도 보상받지 못합니다.

카렌 호나이는 자신을 멸시하는 사람은 타인이 자신을 학대하는 걸 허용한다고 말합니다.

왜냐하면 자기 자신이 학대받아도 된다고 마음 깊은 데서 동의하고 있기 때문이지요. 무시당하고 바보 취급을 당하는 데 내심 동의하고 있는 것입니다. 왜냐하면 스스로 자신을 경멸하고 있기에 누군가가 자신을 소중히 다뤄주면 위화감이 들기 때문이지요.

그래서 나쁜 사람에게 헌신하고 친절한 사람에게서 멀어집니다. 자신이 나서서 뻔뻔한 사람들의 먹잇감이 됩니다. 성실하지 못한 인간에게 이용당합니다. 자신을 경멸하는 사람은 이용하기 쉽고 속이기 쉽거든요.

'나는 성실하게 살아왔다, 필사적으로 노력했다, 그런데 좋은 일이 전혀 없다, 오로지 힘들고 괴로울 뿐'이라는 사태에 이르게 된 것은 거기에 원인이 있습니다.

살아가는 일 그 자체가 힘들고 고된 사람은 분명 필사적으로 노력하며 살아왔을 거예요.

그러나 그 노력은 대체 '누구를 위한' 것이었을까요? 고작 겉으로는 친절을 가장하지만, 내심 자신을 비웃는 사람의 마음에 들고자 노력한 것입니다.

자신이 있어야 할 장소를
착각하지 마라

지금 자기 입장이 자신에게 어울리지 않습니다.

'번아웃 증후군'을 제창한 미국의 심리학자 허버트 프로이덴버거 (Herbert J. Freudenberger)의 말을 빌리면, 잘못된 배에 올라 열심히 노를 젓는 사람이 있습니다.

거북이 모래밭으로 가고 있습니다. 그리고 "이렇게 힘든데 아무도 도와주지 않는다" 하며 화를 냅니다.

거북은 자신이 있어야 할 곳을 착각하고 있지만, 그 사실을 알아차리지 못합니다.

'왜 나를 꺼내주지 않는가?'

그것은 '자신이 이런 평가를 받고 싶다'는 입장과 '자신의 현실'이라는 입장이 다르기 때문이지요.

사랑받고 싶지만 자신을 드러내면 미움을 받게 될 것이라고 생각합니다.

어째서 자신만이 이토록 힘들어야 할까요?

그건 자신이 있어야 하는 장소를 착각하고 있기 때문입니다.

거북이 육지에 오르고 있습니다. 그것은 거북의 자기소외입니다. 거북이 거북이 아닌 거지요.

이렇듯 자기소외를 당한 사람은 "왜 나만 이토록 힘든가?" 하며 부르짖습니다.

득이 될 것 없는 노력은 특별히 자기소외 된 사람만의 것이 아닙니다.

한 여성이 있습니다. 그녀는 45세 때 이혼했는데, 두 자녀는 헤어진 남편이 키웁니다.

그녀가 주장하는 이혼의 원인은 '남편 빚' 때문입니다. 아내는 남편이 빌린 돈을 어디에 썼는지 말하지 않는다고 말합니다.

이제 그녀는 5개월 전부터 45세 남성과 동거를 시작했습니다.

어느덧 커버린 그녀의 20세 아들과 18세 딸은 여전히 전남편과 살고 있지요.

이혼하여 그녀가 집을 나간 뒤에는 딸아이가 집안일을 하고 있습니다.

그리고 얼마 전 딸아이로부터 이제는 힘들다는 말을 들었습니다.

어째서 아이들이 빚을 진 남편과 생활하고 있는지를 그녀에게 물었습니다.

아이들이 "지금처럼 살고 싶다, 다른 집에 가기 싫다"고 말했다는 것이 그녀의 대답입니다.

왜 이혼했는지를 몇 번 물었지만, "남편이 육아에 도움을 주지 않았다"고 대답할 뿐입니다.

아무래도 뭔가 좀 이상합니다.

왜냐하면 아이들은 어머니가 이혼한 후 아버지와 살고 있고, 애당초 어머니와 같이 집을 나오지 않았기 때문이지요.

'나'가 없는 사람

　그 여성의 말에는 분명 모순이 있습니다. 20년간의 결혼생활로 불만이 쌓였다고 그녀는 말합니다. 그녀는 결혼 당시 '가족이란 무엇인가?'라는 생각을 했다고 합니다. 그런데 그녀는 이 가족을 잃었습니다. 이혼 후 1년이 지나서 생각해보니 자신은 늘 '좋은 아내여야 한다'는 강박을 가지고 있었다고 합니다. 압박감인 거지요. 그런데 '마땅히' 그래야 했지만, 실제 자신은 그러지 못했다고 합니다. 이것이 그녀의 변명입니다.

　그녀는 결혼생활에 만족감이 없었습니다. 뭔가가 채워지지 않았지요. 그녀는 사실 남편과 아이들에게서 사랑받고 싶었습니다.

　그녀의 과거는 어떠했던 것일까요?

　맏딸인 그녀에게는 남동생이 있습니다. 어릴 적 멋대로 행동하지 않는 늘 '착한 아이'였지요. 엄마와 손을 잡고 걷고 싶었고, 학교 가는 게 싫었습니다.

그녀는 심리적으로 해결하지 못한 문제를 끌어안고 있습니다. 요컨대 결혼했지만, 그녀는 아내와 어머니라는 역할이 주는 부담을 견딜 수 없었습니다.

그래서 그녀는 노력해야만 했지요. 아이를 위해서요.

그러나 자신은 온 힘을 다해 노력하고 있는데 아이는 자기 할 말을 다 합니다. 외롭기도 했습니다. 분하기도 했지요. 그리고 문득 자신은 무엇을 위해 이토록 힘겨운 노력을 하고 있는지 고민하기 시작했습니다. 그녀는 아이를 좋아하지 않았고 나날이 싫어져서 고민이 깊어갔습니다.

'왜 나만 힘들어야 하지?'라고 그녀는 생각했습니다. 스스로 어머니라고 인식하지 못한 채 "아이가 제멋대로 군다"며 아이에 대한 불만을 쌓아갔습니다. 그녀는 심리적으로 부모가 되어 있지 못했습니다. 그녀는 자기 입장을 이해하지 못했던 거지요.

어릴 적 자신은 멋대로 행동한 적이 단 한 번도 없습니다. 그랬기에 멋대로 굴기만 하는 딸이 미웠습니다. 그래서 딸에게 "멋대로 군다"며 비난했지요. 딸에 대한 시기심에서 '멋대로 행동하는' 딸을 꾸짖었습니다.

딸아이는 아르바이트로 돈을 벌어 와 "이건 나를 위해서 쓸게"라고 말합니다. 그녀는 "자신은 자신을 위해 단 한 번도 돈을 쓴 적이 없다"고 말합니다.

현재 동거 중인 남성과도 잘 지내지 못합니다.

지금 그녀는 갈 곳이 없습니다. 지금은 전남편의 곁으로 돌아갈 수도 없습니다.

그녀가 '딸은 자신의 어릴 적과 달리 이럴 수 있어서 좋구나'라고 생각할 수 있는 어머니였다면 갈 장소가 있을 겁니다. '딸이 이런 딸이라서 좋다'고 생각하는 부모라면 분명 갈 장소가 있습니다. 그렇게 생각할 수 없기에 지금은 그 어디에도 갈 곳이 없습니다.

정말이지 애정이라고는 없는 여성입니다. 마지막까지 전남편과 딸을 탓하다니요.

지금은 가정을 보살피는 역할을 딸에게 떠안긴 것을 미안하게 생각합니다. 딸이 힘든 상황에 있는 게 안쓰럽다고 말합니다. 그러나 딸을 그 같은 상황에 놓이게 한 것은 바로 그녀 자신입니다.

그녀에게는 '나'가 없습니다. 아이가 있고 남편이 거액의 빚을 졌다는 문제가 발생했을 때 보통 아내는 남편을 집에서 내보냅니다. 그녀처럼 아내가 집을 나올 때는 도망간 곳에 먹잇감이 있을 때입니다.

그녀는 '아이는 두고 오는 게 편하다'고 마음속에서 생각했을 테지만, 그 진짜 감정은 의식에서 무의식으로 곧 추방됩니다. 남편에게 빚이 있어서 헤어졌다! 이렇게 그녀 자신은 믿고 싶은 거지요. 빚을 구실로 이혼을 정당화하고 싶은 거지요. 자기 형편에 좋게 해석합니다. 아이가 제멋대로 군다고 불만을 가졌던 것의 변형일 뿐으로, 결국 과거의 불만을 현재로 옮겨 놓은 거지요.

원래는 자신이 멋대로 행동하고 싶었던 거예요. 하지만 표면적으로는 '좋은 사람'이었습니다.

고통스러운 이유를 인정하면
편해질 수 있다

그녀가 '남편과 아이를 버리고 좋아하는 남자에게 달려갔다'고 인정할 수만 있다면 비록 괴롭고 힘들겠지만 길은 열립니다.

현실을 인정하면 현재의 괴로움은 구제와 해방으로 이어집니다.

그녀는 '남편이 빚을 졌기 때문에 헤어졌다'는 고통의 원인을 만들어 고통에서 회피했습니다.

이렇게 고통으로부터 도망치면 아무리 시간이 지나도 이혼이라는 과거와 인연을 끊을 수 없습니다.

세월이 흘러도 고통은 여전하고 구제와 해방으로 이어지지 않습니다.

그녀는 자신이 어머니와 아내라는 입장에 있다는 것을 이해하지 못합니다.

베란 울프가 말한 '노이로제'이지요.

그녀는 현재 동거하는 45세 남성과 이혼과는 전혀 관계가 없다고 거짓말을 합니다.

자신을 좋게 보이려고 하는 거지요. 타인에게 잘 보인다고 그게 무슨 의미가 있을까요. 노이로제에 기인한 노력, 그것은 무의미하고 무익한 노력입니다.

그녀는 어릴 적 '착한 아이'로부터 시작하여 45년간 의미라고는 없는 노력을 이어왔습니다.

의미를 알 수 없는 행동을 45년간 이어온 셈이지요. 소비사회에서는 이 같은 노력을 이어가고 있는 사람이 너무도 많습니다.

베란 울프는 '노이로제 환자의 10계'라는 것을 말하고 있습니다.

'모든 신경증적인 행동과 모든 노이로제는 다음의 10가지 주요한 특징을 가지고 있다.'*

그는 여기서 아홉 번째로 '무익'이라는 것을 손꼽습니다.

베란 울프가 말한 사례에서는, 어느 부인이 숨을 한껏 들이마시고 자신의 배를 부풀립니다. 그리고 남편에게 임신했다고 말하지요.

실제로는 임신하지 않았지만, 남편에게 임신했다고 믿도록 한다 하여 무슨 의미가 있을까요.

신경증적 경향이 강한 사람은 자신이 행복해지려고 노력하는 것이 아니라 타인한테 행복하게 보이려고 노력합니다.

---

* W. 베란 울프, 박광순 역, 아들러의 격려: 열등감이 당신에게 날개를 달아줄 것이다, 생각정거장, 2015

열등감을 숨긴 채 아무리 힘들어도 타인에게 자신감으로 충만한 사람처럼 보일 수 있다면 만족합니다.

자신감 있는 사람이 되려고 노력하지 않지요. 그러나 자신감 있는 사람으로 보이려는 노력에는 필사적입니다.

그야말로 아무짝에도 쓸모없는 노력입니다.

인생의 막다른 곳에 있기에 그런 쓸데없는 노력을 하는 것인데, 결국 더욱 막다른 곳에 자신을 가둡니다.

자신의 인생을 받아들인다

신경증자는 이렇게 생각합니다.

'나는 마땅히 고통받아서는 안 된다. 어려움을 겪어서는 안 된다.'*

그렇기에 자신이 어려움을 겪을 때나 곤란에 빠졌을 때는 주변의 관계자를 용납하지 않습니다.

자신의 인생을 책임진다는 건 자신의 운명을 받아들이는 거지요.

자신이 인생을 선택하는 것이 아니라 주어진 운명을 받아들일 때, 비로소 자신의 인생에 책임을 졌다고 말할 수 있습니다.

저주받은 인생도 있고 은혜를 입은 인생도 있습니다.

위인전기를 읽으면 천재는 화염 속에서 태어났다는 사실을 깨달을

---

* 카렌 호나이, 서상복 역, 내가 나를 치유한다: 신경증 극복과 인간다운 성장, 연암서가, 2015

수밖에 없습니다.*

화염 속에서 불타버리는 인생도 있고 평온한 인생도 있습니다. 여하튼 자신의 인생을 숙명적으로 받아들입니다.

그리고 최종적으로는 그것이 가장 보람 있는 인생이 됩니다.

부모에게 사랑받지 못한 사람이 숲길을 걸으며 자신이 신에게 사랑받았다는 사실을 깨닫습니다.

하늘이 준 선물이란 역경을 견뎌냈을 때 마음속에 남는 것, 바로 그겁니다. 그 마음에 남은 것은 훗날 살아가는 데 큰 힘이 됩니다.

"이런 인생은 싫다, 넌더리가 난다!" 하며 소리친다고 해결되는 것은 없습니다.

"싫다, 싫어!"라고 소리칠 뿐, 결국 사이비 종교집단 같은 데 들어가는 수밖에 없지요.

'힘들다!', '분하다!', '아프다!'는 말에서 자신의 의존성이나 자기애, 신경증적 요구를 깨닫지 않으면 안 됩니다.

그것을 알아차리면 그때의 부정적인 감정은 이후의 인생에서 생산적인 역할을 맡게 됩니다.

---

*   David Seabury, How to Worry Successfully, Bule Ribbon books, New York, 1936

현실의 자신을 받아들인다

저마다 자신의 목표가 있을 거예요.

그림이 그리고 싶다, 저 대학에 합격한다, 야생조류를 관찰하러 간다, 이런 집을 짓겠다, 그곳으로 여행을 간다, 조기에 승진한다 등등 무엇이든 좋습니다.

그 목표가 방해받았을 때 사람은 욕구불만이 됩니다.

그러나 그 목표가 본디 그 사람에게 적합하지 않은 경우가 있지요.

행복한 사람은 적절한 목표를 세웁니다. 청년기의 과제를 해결합니다. 결국 현실에 대한 흥미와 관심이 깨어납니다.

현실에 대한 흥미와 관심이 바로 서지 않은 사람은 자신의 급료로는 도저히 불가한 고급 세단을 사겠다는 목표를 세웁니다.

그런데 현실적으로는 고가의 자동차를 살 수 없지요.

그래서 그 사람은 욕구불만이 됩니다. 허영심만 강해지고, 자신의 잠재적 가능성을 개발하지 못합니다.

'나는 이러고 싶다'가 아니라 타인이 어쩌고 있는지를 신경 씁니다. 늘 타인과 자신을 비교하기에 바쁩니다.

또 다른 한 가지는 '나는 이러고 싶다'가 아니라 '나는 이렇게 보이고 싶다'가 중요하지요.

이것이 소비사회가 가지는 본질적인 문제입니다. 정작 자신은 자동차를 좋아하지도 않으면서 '멋지다'는 이유로 고급 세단을 탐냅니다.

그러면 고급 세단을 타는 사람을 공격하게 됩니다. 그 사람의 흠을 들춰내고 과장하여 주변 사람들에게 퍼뜨립니다.

직장인은 제 분수도 모르고 출세를 꿈꿉니다. 그러나 그 같은 출세는 터무니없는 것이지요.

그러면 젊은 나이에 출세 가도를 달리는 사람이나 상사의 실각을 노려 스캔들을 퍼뜨립니다.

이웃은 풍요롭게 살아갑니다. 그건 원래 자신과 그 사람의 지금까지의 노력 이력이 다르기 때문인데, 그것을 받아들이지 못합니다. 그래서 이웃에 심술을 부립니다.

요컨대 현실을 받아들이지 못하는 거지요. 그건 현실의 자신을 받아들이지 못한다는 뜻입니다.

그 결과, 자신을 잃고는 부당하게 타인한테 칼자루를 쥐어줍니다.

동화에 빗대어 말하면 다음과 같을 것입니다.

지로는 "왜 나는 타로처럼 어떤 장해도 없이 즉시 바다로 나아가지 못하는가?" 하며 자신의 불운을 한탄합니다.

지로에게는 주위 사람들의 시선과 낚싯대밖에 없습니다. 바다로 나가 낚시한다는 목표가 없습니다. 따라서 지로는 바다로 나아가지 못합니다. 그러면서 "왜 나만이 늘 이런 것인가!" 하고 불만을 품습니다.

험담이 하고 싶을 때

　'사람을 실망시킨다', '상대에게 화풀이를 한다', '사람을 슬프게 한다', '사람의 행동을 방해한다' 등등의 말은 모두 타인에게 욕구불만을 가지고 있다는 뜻입니다.*

　그러면 자기상실로 말미암아 자기소외의 길을 갈 수밖에 없습니다. 외부가 어떠하든 "나만 호된 일을 당한다"고 말하게 됩니다.

　마음의 버팀목이 없다면 어떤 인생이든 '나만 호된 일을 당한다'는 기분에 빠집니다.

　'공격은 욕구불만에 대하여 일차적으로 보이는 특징적인 반작용

---

*　John Dollard, Neal E. Miller, Leonard W., Doob, O. H. Mowrer, Robert R. Sera, Frustration and Aggression, Yale University Press, 1939

이기 때문에 어떤 것이 간섭하지 않는다면 공격이 일어난다.'*

잠재적 가능성을 개발하지 않거나 분수에 맞지 않는 높은 목표를 세우는 사람은 아무래도 문제를 일으킵니다.

이쪽에도 저쪽에도 공격합니다. 이 사람의 험담을 말하고, 저 사람의 흠집을 잡고, 온종일 불평불만을 토해내며 시간을 보냅니다.

사람을 험담하고 싶을 때는 먼저 욕구불만의 근원이 되는 인생 목표가 적절한 것인지를 생각해보세요.

객관적으로 볼 때 실상 지금의 급료도 꽤 높은데, 그것을 다른 사람과 비교하고는 너무 적다 불만을 품습니다.

공평하게 대우받고 있음에도 불공평하다고 느끼는 직장인이 있습니다.

그런 사람은 동료에게도 상사에게도 부하에게도 불만을 품습니다. 그러면서도 자신의 불만스러운 점은 알아차리지 못하지요.

건강한 것에 감사하지 않고 직장에 불만을 품습니다.

* John Dollard, Neal E. Miller, Leonard W., Doob, O. H. Mowrer, Robert R. Sera, Frustration and Aggression, Yale University Press, 1939

당신이 있는 장소는
싸움터가 아니다

문제는 주변 사람들과의 관계에 있습니다.

'은혜를 원수로 갚는' 사람도 있습니다. 그러나 그것은 주변 사람이 그렇게 생각할 따름으로 정작 본인은 그렇게 생각하지 않지요. 결국 실제 은혜를 입었음에도 본인은 그 사실을 알지 못합니다. 본래 은혜를 입었다는 걸 느끼지 못합니다.

그것은 자신의 입장을 이해하지 못하기 때문입니다. 자신은 일방적으로 받기만 해야 한다고 생각합니다.

카렌 호나이에 의하면, 신경증적 요구를 가진 사람은 예컨대 '세계는 내게 봉사해야 한다'고 생각합니다.*

---

* 카렌 호나이, 서상복 역, 내가 나를 치유한다: 신경증 극복과 인간다운 성장, 연암서가, 2015

어린아이라면 이 같은 생각이 조금도 이상하지 않지요. 그러나 육체적, 사회적으로 이미 성인이 된 사람이라면 말도 안 되는 태도입니다.

신경증적 요구를 가지고 있다는 것은 어른이 되었음에도 여전히 어린아이 상태라는 뜻입니다.

신경증자라면 은혜를 원수로 갚습니다. '은혜를 원수로 갚는다'는 것은 객관적인 표현으로, 본인은 부당하게 취급당했다고 생각할지 모릅니다.

은혜를 베푼 사람을 원망합니다. 그것은 상대가 좀 더 최선을 다하여 자신을 도와야 한다고 생각하기 때문이지요.

신경증자가 세상을 원망하는 것은 신경증적 요구 때문입니다. 요컨대 비현실적이리만큼 높은 요구를 가집니다.

그런 인물이 주변에 있는 사람은 견딜 재간이 없지요.

그렇다면 신경증적 요구를 가지는 사람은 어떻게 하면 좋을까요?

간단합니다. '나는 어릴 적부터 내 본연의 모습으로 사랑받은 적이 있는가?'를 자문해보는 거지요.

사실 답은 명백하지요. 한 번도 사랑받은 적이 없을 것입니다. 사랑받은 적이 없어서 신경증적 요구를 가진 사람이 되었습니다. 따라서 '나는 있는 그대로의 나를 사랑하자'고 결심하는 거예요.

마음은 어릴 적부터 싸움터에 있었습니다. 마음은 싸움터에서 태어나 싸움터에서 자랐지요.

그러나 어른이 된 지금 마음은 더 이상 싸움터에 있지 않습니다.

실제 싸움터에서 귀환하면 다들 그것을 알아줍니다. 하지만 마음의 싸움터에서 돌아왔을 때는 아무도 귀환 병사인 걸 알아주지 않지요. 그러나 스스로는 귀환 병사이기에 싸움터의 스트레스로 뇌가 조금 이상해진 것일지 모른다고 생각합니다.

그때부터 인간관계가 호전되기 시작하지요.

결국 해결책은 자신을 변화시키는 데 있습니다.

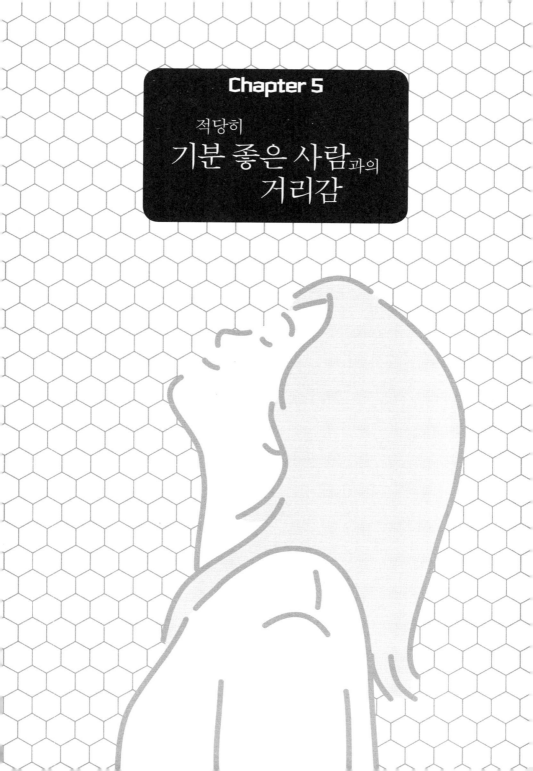

Chapter 5

적당히
기분 좋은 사람과의
거리감

거리감은
행복한 인생의 열쇠

사람이 그릇된 인생을 살아가는 것은 괴로움, 분노 같은 부정적인 감정을 제대로 처리하지 못했기 때문입니다. 그 방법이 잘못되었기 때문입니다. 괴로움에 대한 태도가 그릇되면 해방과 구제로 이어지지 못하지요.

힘겹고 고단한 인생을 어떻게든 살아내기 위해서는 늘 '왜?'라는 문제의식을 가져야 합니다.

'왜 저 사람들은 나와 달리 행복한 걸까?' 하는 의문을 던지고, 그 문제를 마음속에 간직해야 합니다.

곤란을 극복한 인생이 행복한 인생이지, 어려움 없는 인생이 행복한 인생은 아닙니다.

운반한 짐의 '양과 거리'라는 결과는 비록 작아도, 과정으로서의 노력이라는 점에서 개미의 노력은 코끼리의 노력을 능가합니다.

자신이 개미로 태어났는지, 코끼리로 태어나는지 제대로 이해하지 않으면 안 됩니다. 결국 사랑받는 환경에서 태어났는지, 사랑받을 수 없는 환경에서 태어났는지를 똑똑히 알아야 합니다.

그것을 제대로 알지 못하면 자신의 위대함을 깨닫지 못한 채 시기와 질투로 불행한 생애를 마치게 됩니다.

사랑받으며 성장한 사람의 마음과 학대받으며 성장한 사람의 마음은 천지 차이입니다.

인생의 막다른 곳에 다다른 이는 성공한 사람이든 실패한 사람이든 결과에만 집착합니다. 결과만 보고 매일 한탄한들 어떤 일도 일어나지 않지요.

'누구도 나를 이해해주지 않는다'고 삐뚤어져 있어서는 아무것도 변하지 않습니다.

마음에도 절도를 가진다

행복해지는 데 결정적으로 중요한 '인간관계에서의 거리감이 없다'는 건 대체 어떤 것일까요?

별로 친하지도 않은 사람에게 "나 죽고 싶어"라고 말하면 어떻게 될까요?

친한 사람도 아닌데 "저 사람 때문에 머리가 돌겠어"라고 말한다면 어떻게 될까요?

먹던 아이스크림을 내밀며 "먹을래요?" 한다면 어떨까요?

'친하면 좋다'는 생각에서 겨우 두 번밖에 만나지 않은 사람의 어깨를 친한 척 툭 친다면 어떨까요?

인간관계에서는 거리감에 따라 마음을 표현하는 방법이 달라집니다. 거리감에 따라서 행동하는 데 사회성을 띠기도 하지요.

사람과 친해질 수 없어 고민하는 사람은 인간관계에서 어느 정도의 거리감이 적절한지를 가늠하지 못합니다.

달리 말하면, 마음에도 절도가 있다는 걸 이해하지 못하지요.

마음을 직선적으로 곧장 표현합니다. 그러나 마음이 '비'라고 한다면, 비로 말미암아 강이 넘치기도 합니다.

술에 취해서 속마음을 털어놓는 것은 위험합니다. 그런 것은 정상적일 때 말하는 게 좋지요.

인간의 존재는 모순되는 이상 누구든 겉과 속이 다릅니다.

상대 앞에서 자신을 솔직히 드러낼 수 있다면 그는 당신의 긴장을 풀어줄 사람입니다. 하지만 실상 그런 사람은 많지 않지요.

속마음에는 가시가 돋거나 둥그스름하거나 하는 등 갖가지 형태 그리고 색깔이 있습니다.

그런 인간관계 속에서 본심을 말할 수 있게 됩니다.

도이 다케오(土肥武雄) 씨는 논문 〈겉과 속의 정신병리〉에서 '사회생활을 영위하는 데 옳고 그름과 함께 필요한 적절한 대인적 거리를 지키는 것은, 겉과 속의 양립 없이 이단 구조를 만들 때 비로소 가능해진다'고 말합니다.

상대의 말과 행동에서 심리적으로 큰 영향을 받는 이유는 적절한 대인적 거리감이 없기 때문입니다.

'거절당하는 것이 당연하다'고 생각한다

　도이 다케오 씨는 논문 〈겉과 속의 정신병리〉에서 '겉과 속이 없는 사람은 무르다'고 말합니다. '따라서 일단 스트레스를 받으면 정신은 손쉽게 좌절하고 심한 혼란이 나타나는 것을 상상할 수 있다'고 말하지요.

　겉과 속이 없으면 스트레스에 약하게 마련입니다. 또한 상대의 말에 겉과 속이 없다고 받아들입니다.

　상대가 하는 말을 상대의 진지함의 정도에서 받아들이지 못합니다. 예의상 하는 상대의 말을 무조건 진심으로 받아들이는 거지요.

　결국 진지하게 대응하지 않아도 되는 일과 진지하게 대응해야만 하는 일의 구별이 서지 않습니다. 대인적 거리가 없기에 상대가 말하는 것이 마음에 곧장 날아와 꽂힙니다.

　'남편과 말이 통하지 않는다'며 자주 토로하는 여성이 있습니다.

결국 남편은 욱하고 화를 내어 대화가 되지 않는다는 거지요. 배우자의 불평을 그저 단순한 불평으로 흘려듣는 게 아니라, 상대의 사고방식까지 언급하며 상대를 설득하거나 불같이 화를 내거나 하는 거지요.

상대가 말로만 존경심을 말하는데, 그것을 본심으로 받아들이는 사람도 있습니다.

학교 교사로서 자아 기능이 확립되지 않은 사람은 진심으로 '다들 나를 존경한다'고 믿습니다. '이럴 때는 그런 것으로 해두자'는 식의 대처법을 이해하지 못합니다.

진심으로 존경받는다고 믿고 행복해하기만 한다면 문제 될 게 없지만, 반대의 일도 일어납니다.

예컨대 그다지 친하지 않은 사람한테 무리하게 친절을 요구하기도 합니다. 그런 요구로 기대했던 것이 이뤄지지 않으면 '자신이 거절당했다'고 생각합니다. 자신은 마땅히 친절한 대우를 받았어야 한다고 생각하기 때문이지요.

자신이 거절당한 게 아닌데도 '나는 거절당했다'고 생각하지요. 하지만 그런 부탁을 하면 누구든 거절당할 게 뻔한 것인데, 그럼에도 '나는 거절당했다'며 우울해하고 원망합니다.

오랫동안 교류가 없는 상태에서 이해를 구해도 무리일 듯한 것을 상대에게 원합니다. 그 같은 요구를 하고 기대가 이뤄지지 않으면 "아무도 나를 이해해주지 않는다"고 말하지요. 자신은 이해받지 못한다고 생각합니다.

하지만 거절당하는 게 당연합니다. 누구든지 거절당하지요. 그런데 인간관계의 거리감이 없는 사람은 거절당한 것으로 고민합니다.

속마음 그 자체는 나쁘지도 좋지도 않습니다. 그것은 상대와의 인간관계에 의해 결정되지요.

속마음은 사람과의 거리감에 따라서 잘 사용해야 합니다. 그렇지 않다면 상대에게 상처를 줍니다.

그 거리감을 이해하는 사람은 속마음을 관계를 발전시키는 데 사용할 수 있습니다.

누구에게든 자신의 속마음을 말해도 되는 건 아닙니다.

자아가 건전하게 기능한다는 것은 적절히 대인적 거리를 둘 수 있다는 거지요.

대인적 거리를 적절히 두지 못한다는 것은 두 가지를 의미합니다.

첫째는 타인에게 받는 영향력이 매우 크다는 것이고, 둘째는 기분 전환이 쉽지 않다는 것입니다.

'기분 전환이 쉽지 않다'는 것은 어떤 감정에 강하게 사로잡혀 있다는 뜻입니다.

어른이 된 어린아이는 '타인에게 영향을 크게 받고 감정에 사로잡힌다'는 걸 깨닫지 못합니다.

마음의 거리를 좁히기 위하여

저 사람과는 '먼 거리' 혹은 '가까운 거리'라고 말하기도 하는데, 이것이 곧 심리적 거리입니다.

그렇다면 물리적 거리가 아닌 심리적으로 먼 거리라는 건 어떤 것일까요?

10년을 함께 일했다고 해도 마음의 교류 없이 지내는 사람이 있습니다. 혹은 혈연관계라고 해도 심리적으로 거리가 먼 사람이 있지요.

텔렌바흐(Hubertus Tellenbach)는 '주변 사람과의 내적 소외'라는 말을 사용하고 있습니다.[*]

그것은 상대의 마음속에, 그 사람이 알아차리지 못하는 영역이 클 때입니다. 그러한 때는 커뮤니케이션이 이뤄지지 않습니다.

---

[*] Hubertus Tellenbach, Melancholie, Springer-Verlag, 1961

혹은 자신에게 '스스로 알아차리지 못한 마음속 영역'이 크기 때문이지요. 결국 무의식의 영역이 큰 거지요.

자신에 대하여 분명하고 확실하게 이해하지 못하는 사람은 상대에겐 견딜 수 없는 존재입니다.

특히 부모 자식처럼 가까운 관계에서 아이는 신경증이 됩니다. 부모가 아이에게 응석을 부립니다. 그러면서 부모는 자신이 아이에게 응석을 부리고 있다는 걸 모르지요.

영국의 의학자이자 정신과 의사인 존 볼비(John Bowlby)가 말하는 '부모 자식의 역할 역전'이지요. 이것은 아이에게 가장 참기 힘든 관계입니다.

'부모 자식의 역할 역전'을 겪은 아이는 신경증이 됩니다.

부모 자식 모두 '자신이 알지 못하는 영역', 즉 무의식의 영역이 압도적으로 큽니다.

이런 경우, 부모와 자식 사이라도 심리적인 거리는 달과 지구만큼이나 멀지요.

그렇다면 심리적으로 가까운 거리란 어떤 것일까요?

심리적으로 가까운 거리에서는 상대의 기분을 짐작할 수 있습니다. 상대가 무엇을 추구하는지 이해하는 것입니다.

이런 경우, 서로 자신에 대하여 알고 있는 마음의 영역이 큽니다. 상대에 대해서도 이해하는 마음의 영역이 큽니다.

상대가 무엇을 원하는지 모를 때는 심리적으로 거리가 먼 상태입니다. 자기 집착이 강하면 몇 년을 사귀어도 마음의 거리는 멀지요.

자기 집착이 강하다는 건 상대를 이해할 마음이 없다는 거지요. 자기 집착이 강한 사람은 자신을 지키는 게 고작입니다. 자신을 지킨다는 것밖에 관심이 없습니다. 상대에게 관심이 없지요. 그러니 부모와 자식 사이까지도 그 관계가 어긋납니다.

인간관계가 순조롭지 않을 때는 일단 거울 속 자신을 보며 마음의 중심에 상대가 있는지, 자신을 지키는 데 급급한지를 살핍니다.

사람은 이렇듯 여러 문제를 일으키고 이해하면서 살아가는데, 곧 "아, 알았다"고 간단히 말하는 이가 있습니다. 그런 인물을 좋은 사람이라고 생각하지요.

현실이 심각한 게 아니라 그 사람이 심각하다고 느끼는 거지요.

잠잘 때 우울병에 빠진 사람이 심각하게 느끼는 것을 보통 사람은 '그게 왜 심각한지' 이해하지 못합니다.

히말라야나 사하라사막, 아마존강으로 탐험하러 가듯 자신의 마음속으로 탐험을 가봐야 합니다. 그러면 갖가지 것을 발견할 수 있지요.

아무도 타자에게는 관심 없다

"나만 호된 일을 당한다"고 말하는 사람은 상대를 보지 않습니다.

개인 줄 알고 키웠더니 고양이였다면 고양이 키우기에는 실패한 거지요. 그러나 집사 입장에서 보면 자신은 고생하고 있지요.

자기애자인 부모의 양육 실패에는 대개 이런 경우가 많습니다. 비유하자면, 잘 살펴보면 상대가 고양이라는 걸 알 텐데, 상대를 잘 들여다보지 않고 멋대로 개라고 확신합니다. 부모는 아이가 개이기를 바라는 거지요. 개라면 부모로서 편하기에 부모는 '내 아이는 개'라고 생각합니다. 순전히 자신의 바람이지요.

사이비 종교집단의 구성원은 교조를 보지 않습니다. 교조를 통해 자신의 마음속에 있는 바람을 보는 거지요.

고민하는 사람은 늘 아름답게 꾸며진 자아상을 실현하기 위해 노력해왔을지 모르지요. 그러나 '실제 자신'의 가능성을 실현하는 데 에너지를 사용하지 않습니다. 자기 능력, 적성, 환경 등등 실제의 자신을 보지 않습니다.

이전에 자주 내 연구실을 찾아온 신경증자 몇 명이 있었습니다.

내가 부재중일 때 사무실에서 몇 시간이고 앉아 기다렸지요. 개중에는 내게 편지를 쓰는 사람도 있었는데, 그는 그 편지를 사무실 직원에게 건넸습니다.

사무실 직원이 책상 서랍에 그 편지를 넣으려고 하니, 그는 "읽어보셔도 돼요"라며 직원에게 읽어보길 권합니다. 직원이 "다른 사람에게 쓴 편지이니 그럴 수 없다"고 말하면 "괜찮아요. 읽어보세요" 하며 집요하게 읽기를 재촉합니다.

상대가 '읽고 싶지 않다'는 걸 도무지 이해하지 못하지요. 그럼에도 상대에게 "읽어도 좋다"며 특별히 호의를 베풀듯 말합니다.

자신에게 중요한 것이 타인에게는 아무것도 아닐 수 있음을 이해하지 못합니다.

상관없는 사람에게 "편지를 읽어도 좋다"며 읽기를 강요하는 사람은 상대를 '자신에게 관심이 있는 사람'으로 봅니다. 모든 이가 자신에게 관심을 가져야 할 필요가 있다고 생각하는 거지요. 그 심리적 욕구를 채우기 위해 주위 사람들을 그런 식으로 봅니다. 이 경우, 상대를 '자신의 편지를 읽고 싶어 한다'고 보는 거지요.

일례로 나의 연구실에 수첩을 두고 가는 사람이 자주 있습니다. 개인 물건을 두고 가면 다른 사람에게 폐가 된다는 걸 이해하지 못합니다.

상대가 자신의 수첩에 관심을 가지길 바라는 마음에서 상대를 '내 수첩에 관심이 있다'고 보는 거지요.

현실 속의 상대를 보는 게 아니라 마음의 필요성에 따라서 상대를 보는 거지요. 결국 자신의 마음이 필요로 하는 것을 겉으로 표현하는 것입니다.

카렌 호나이는 '외화(外化, 헤겔의 용어. 내적인 본질의 것이 외적인 현존재로 나타나는 것, 또는 그 나타남)'라는 심리 과정에 관하여 설명하고 있습니다.

'그는 상대에게 칭찬받을 필요가 있다면 상대를 자신을 칭찬하는 사람으로 바꿔버린다.'*

그런 자신의 행동이 상대에게 얼마만큼 폐가 되는지를 이해하지 못합니다. 그것은 자신과 상대는 관계없는 사이라는 심리적인 거리를 이해하지 못하기 때문입니다. 상대에게 자신은 생판 모르는 남이라는 사실을 도저히 이해하지 못합니다. 여하튼 심각히 고민하는 사람에게는 인간관계의 거리감이 전혀 없습니다.

그는 자신의 고민 외의 것들은 그 무엇도 보지 않습니다.

---

* His need for admiration turns them into an admiring audience. Karen Horney, Our Inner Conflicts, W. W. Norton & Company, 1945, p.292

진짜 이해자인지 판단한다

그는 자신이 칭찬받기를 원한다면 주위 사람을 자신을 칭찬하는 사람으로 봅니다. 나를 찾아와 거절하고 또 거절해도 수첩을 두고 가는 많은 신경증자가 그런 사람이지요.

그런데 수첩을 두고 가는 건 내 사무실에서만 벌어지는 게 아니었습니다. 다른 정신의학자에게 물어도 마찬가지더군요.

어느 정신의학자는 수첩에 관하여 이야기하니 "거참, 곤란해요" 하며 투덜거렸습니다.

심각하게 고민하는 사람은 상대를 모두 '자신에게 관심 있는 사람'으로 바꿔놓습니다.

현실을 자신의 자아도취적인 세계와 동일시하는 거지요.

고민으로 나를 찾는 사람 중에 나를 있는 그대로 보는 이는 단 한 명도 없습니다. 모두 자신의 필요성에 따라 나라는 인간을 "이렇다"

라고 정의합니다.

하지만 나는 그들이 예상한 대로 행동하지 않습니다. 그러면 돌연 나에 대하여 규탄하기 시작합니다. 그들의 '자신에 대한 미움'이 대상을 바꿔 나에게 표출됩니다. 결국 나는 '경멸받아 마땅한 인간'으로 전락합니다. 나는 언제든 '변할 수 있는 인간'인 거지요. 그리고 그들은 나를 바꾸려고 생트집을 잡습니다.

카렌 호나이의 표현을 빌리면, 나는 마땅히 변해야 하니까요.*

상대가 괘씸하다며 바꾸려는 사람이 많습니다. 그 변화를 집요하게 재촉하는 건 역시 신경증자입니다.

어떤 사람을 두고 "발칙하다! 괘씸하다!"라며 집요하게 화내는 사람의 이야기를 들어보면 흔히 이런 일이 벌어집니다.

그 이유는 그저 상대가 자신의 심리적 필요성을 만족시키지 않기 때문입니다. 적어도 신경증자와 얽힌 사람의 입장에서는 말도 안 되는 민폐로, 도저히 견딜 수 없습니다.

---

* They should be changed and reformed. Karen Horney, Our Inner Conflicts, W. W. Norton & Company, 1945, p.293

상대가 무엇을 원하고 있는지를
느낀다

자기중심성에는 상호성이 없습니다.

자기중심적인 사람은 어머니와의 분리는 할 수 있지만, 자신을 개성화하지는 못합니다.

상호성이란 자신 이외에 몇 가지 중심이 있다는 것입니다.

자기중심적인 사람은 중심에 자기 자신밖에 없습니다. 자신이 보는 세상과 상대가 보는 세상이 다르다는 걸 이해하지 못합니다. 자신이 추우면 상대도 추울 것이라는 생각을 하지 못하지요. 추위를 느끼고 옷을 덧입으려고 할 때 '상대도 춥지 않을까? 옷을 더 입고 싶지 않을까?' 하는 데까지 생각이 미치지 않습니다.

자신은 많은 사람 중 하나라는 걸 도무지 이해하지 못합니다. 따라서 고민하는 사람은 자기 혼자만 고민하는 줄 알지요.

자기중심성의 반대는 공동체 감정입니다.

"나만 호된 일을 당한다"라고 한숨짓는 사람은 자신이 상대에게 어떤 것을 바라고 있는지를 깨닫지 못합니다. 애당초 무리한 부탁을 하고 있다는 사실조차 모르고 "나는 거절당했다", "나는 거부당했다"며 한탄하고 슬퍼하지요.

이처럼 제대로 이해하지 못하는 것은 외화에 의한 심리적 불안정에서 오는 것이라고 카렌 호나이는 말합니다.

이것이 바로 자기중심성이지요. 자기중심성과 심리 과정으로서의 외화는 깊이 관련되어 있습니다.

카렌 호나이는 말합니다.

'자기중심적인 사람은 자신이 상대와의 관계에서 어디쯤 서 있는지 모른다. 또한 상대가 자신과의 관계에서 어디쯤 있는지도 모른다.'*

앞서 이야기한 "편지를 읽어도 좋다"고 말하는 사람은 자신이 상대에게 어떤 존재인지 이해하지 못합니다.

'자신이 어디에 있는지'를 제대로 알지 못한다는 건 말 그대로 사회 안에서 자신의 위치를 모르는 것입니다. 그래서 상대에게 너무 많이 기대하거나, 반대로 기대해도 좋을 것까지 기대하지 못합니다.

상대는 "그렇게까지 해도 기대한 바를 들어줄 수 없다"라고 말할 정도의 무리한 요구를 신경증자는 너무도 당연한 듯이 해 옵니다.

---

* The individual does not know where be stands with regard to another person and where the later stands with regard to him. Karen Horney, Neurosis and human Growth, W. W. Norton & Company, 1950, p.296

부탁받는 사람이 "그런 부탁은 당연히 당신 친구에게 하세요" 혹은 "그런 얘기는 당신 아내에게나 해요"라고 말하고 싶은 것을 신경증자는 오가다 만난 타인에게 요구합니다.

그리고 자신이 도움을 기대해도 좋을 법한 부모나 친구, 교사나 연인에게는 의지하지 않습니다.

"가엽다"고 말해주길 바라는 사람과는
관계하지 않는다

"저기, 선생님, 한잔하러 가실래요?"라고 다짜고짜 묻는 사람이 있습니다. 인간관계의 거리감이라고는 전혀 없는 거지요.

가깝지 않은 사람에게 자신의 사정 얘기를 말합니다. 그리고 '안쓰럽다' 혹은 '가엾다'라는 표현을 해주길 기대합니다.

여하튼 그런 말을 들으면 기뻐합니다. 애정 결핍이 강한 사람으로, 그 말로 위안을 얻습니다.

'가엾다'라는 말을 해주길 바라는 마음이 너무 커서 타인과의 거리를 가늠하지 못합니다.

자기애자가 그렇지요. 상대가 좋으면 상대 또한 자신을 좋아할 것이라고 믿는 게 자기애자입니다.

비록 처음 보는 상대일지라도 자신이 일방적으로 '당신과 나는 이런 관계'라고 규정합니다. 이것이 자기애자이지요.

처음 만난 사람에게 "반가워요. 건강하세요?"라고 말을 건넵니다. 그런 관계로 상대를 대합니다.

'설마, 그 같은 행동을 할까?'라는 생각을 할지도 모릅니다. 하지만 고민하는 사람에게 편지를 받아본 사람이라면 '아하, 그럴 수 있구나!' 하고 고개를 끄덕이게 될 겁니다.

고민하는 사람은 상대가 자신과의 관계에 수긍하지 못한다는 사실을 이해하지 못합니다.

고민을 해결하는 기본 원칙 중 하나는 관계를 똑바로 보는 것입니다. 자신과 상대와의 관계는 어떠한 것인가를 의식하는 거지요. 자신과 상대와의 관계를 자각한다는 건 상대가 '존재'한다는 거지요.

관계라는 것은 상대와 자신과의 관계로, 자기 혼자서는 둘의 관계가 이렇다 저렇다 결정할 수 없습니다.

상대와의 관계에서는 어쩔 수 없이 상대에 대해 생각할 수밖에 없습니다. 그렇게 자기중심성에서 벗어날 기회를 얻는 거지요.

그래서 '고민하는 사람은 모두 자기중심적'이라고 할 수 있습니다.

상대와의 관계를 똑똑히 보고 그때 비로소 자기중심성에서 벗어날 기회가 생깁니다.

자기애자는 위로를 받아도 그것이 자신감으로 이어지지 않습니다.

상대에게 관심이 없기 때문이지요. 아무리 멋진 상대가 사랑을 고백해도 자신감을 가지지 못합니다.

자신이 바뀌면 상대도 바뀐다?

'저 사람은 쾌씸하다, 이 사람에겐 진심이 없다, 그 사람은 성실하지 않다'고 불만을 품으면서도 그들이 자신의 고민과 무관하다는 사실을 고민하는 사람은 도통 이해할 수 없습니다.

결국 "나만 호된 일을 당한다"고 한숨지으며 고민하는 이는 주위 사람이 '자신의 어머니'가 아니라는 것을 받아들일 수 없습니다.

마음이 아픈 사람은 마음이 병든 사람과 가까워집니다. 왜냐하면 서로 관계하는 방식에 위화감이 느껴지지 않기 때문입니다.

심리적으로 건강한 사람은 지금까지의 관계를 통해 '그런 것을 내게 상담한들……' 하며 위화감을 가집니다.

그러나 마음이 아픈 사람은 객관적으로 그리 친하지 않은 관계라도 '친밀한 태도'에 전혀 위화감을 느끼지 않기 때문에 관계를 이어갈 수 있지요.

심리적으로 건강한 사람의 입장에서 보면 '아직 ○○인데' 하는 사람과의 거리감에도, 마음이 병든 사람은 어떤 위화감도 느끼지 않지요.

마음이 아픈 사람과 심리적으로 건강한 사람과의 차이는 지금까지 살아오는 동안 자연스러운 커뮤니케이션을 체험했는가의 여부에 있습니다.

자연스러운 커뮤니케이션 속에서 성장한 사람은 상대와 갑자기 친해지는 일이 좀처럼 일어나지 않습니다. 자연스러운 커뮤니케이션 속에서 성장한 사람은 무슨 일이든 시간이 걸립니다.

흔히 자신이 달라지면 상대 또한 달라진다고 말합니다.

물론 실제로 상대가 바뀌는 경우도 있지만, 사실 대개 상대는 전혀 바뀌지 않습니다.

상대가 바뀌는 경우는 두 가지입니다.

첫째, 자신이 실제로 바뀌고 상대도 달라집니다.

둘째, 자신이 실제로 바뀌고 상대는 바뀌지 않습니다.

그렇다면 아무것도 바뀌지 않았는데 왜 '달라졌다'고 생각하는 것일까요? 그것은 자신이 심리적인 외화를 그만둠으로써 비록 똑같은 상대일지라도 달리 보이는 것입니다.

사실, 처음부터 상대를 보면서도 상대를 보고 있었던 게 아닙니다. 자기 마음의 필요성에 따라서 상대를 보고 있었던 거지요.

자신이 상대라고 생각했던 사람은 실제 상대가 아닙니다. 그저 상대를 통해 자신의 마음속에 있는 원망이나 필요성을 보고 있었던 것에 지나지 않습니다.

'변했다'는 것은 상대를 통해 자신의 마음속을 보고 있던 사람이 실제 상대를 보았다는 이야기일 뿐입니다.

자신의 마음속을 보는 것과 상대를 보는 것은 전혀 다른 걸 보고 있는 겁니다. 그런데 지금까지는 그것을 같다고 생각했던 거지요.

이것이 바로 자신이 바뀌면 상대도 바뀐다는 의미입니다.

자신의 마음속을 보면서 상대를 보고 있다고 믿는 사람이 너무도 많습니다.

그런 사람들은 사람과의 관계에서 거리감이 없습니다.

국가도 다르지 않습니다. 미국을 보고 '미국은 그런 나라'라고 볼 필요성이 자신의 마음속에 있다면 미국은 그런 나라로 바뀌어버립니다.

과거 일본에서 진보적 문화인으로 불리는 사람들이 북한을 '지상의 낙원'이라고 주장했는데, 그것은 특별히 북한을 보고 있었던 것이 아니라 사람들에게 북한은 그런 나라이어야 할 심리적 필요성이 있었던 것에 지나지 않은 거지요.

어느 국가에 관한 생각을 바꾸지 못하는 것은 그 국가가 어떠해야 한다는 사람들의 필요성 때문입니다.

추상적인 고민으로
괴로워하지 않는다

보통 상담이라는 것은 구체적이어야 합니다.

그러나 고민하는 사람의 고민 상담은 구체적이지 않습니다.

처음 만난 사람들이 만나 이야기를 나누기 시작하지만, 결국 '친구'가 되어버리는 것으로 끝납니다.

본디 친구에게 털어놓아야 할 고민을 낯선 사람에게 들려줍니다.

상담해주는 사람은 상담의 대가로 돈을 받습니다. 이것으로 '카운슬러와 환자'라는 입장을 뚜렷이 의식할 수 있지요. 그러나 돈을 받지 않는 사람과는 분명한 거리감이 사라집니다.

고민하는 사람은 커뮤니케이션을 이해하지 못합니다. 그에게는 친구도 없습니다.

인간관계에서 거리감을 가늠하지 못하는 것은 고민하는 사람들의 공통점입니다.

고민하는 사람은 편지를 씁니다. 편지를 쓰면 상대가 어떤 상상을 할지 짐작도 하지 못합니다. 편지에 이런 내용을 쓰면 상대가 멀리 도망칠 거라는 걸 알지 못합니다.

이것이 자기집착이지요. 타인을 전혀 이해하지 못합니다.

편지를 통해 자신이 얼마나 힘들고 어려운 상황에 있는지를 호소합니다.

"열심히 살았군요"라는 말을 듣고 싶은 것일 테지만, 그 욕구 때문에 다른 것이 전혀 보이지 않습니다. 거기에 타자는 없습니다.

그저 상대가 귀담아 들어주는 게 기쁜 거지요.

부모를 원망하고, 친구를 미워하고, 이성(異性)을 증오합니다.

자신이 얼마나 비참한지를 과장하여 들려줍니다.

"나는 이렇게나 힘들다"고 말하고 싶은 거지요.

이것이 자기집착입니다. 가련함을 내세워 자신의 이미지가 나빠지는 것을 피합니다. '사람이 멀찍이 도망쳐버릴' 일을 좋은 일로 여기고 편지 쓰는 게 자기집착에 빠진 사람이지요.

자기집착은 타인이 보이지 않습니다. 상대를 이해하지 못하지요. 자기 외의 사람은 세상에 존재하지 않는 셈입니다.

그 점은 자기애자와 동일합니다. 타자의 현실이 없는 겁니다.

약속도 하지 않고 불쑥 연구실로 찾아옵니다. 마침 강의하러 나서던 참이었지요. 강의실에 가려는 나를 막아서며 "선생님, 제가 이렇게 힘들고 괴로운데 어떻게 강의하러 가세요? 사람이 어떻게 그래요?"라며 화를 냅니다.

어느 여성은 연구실 앞에서 빽 소리쳤습니다.

고민하는 사람은 나를 자신의 어머니로 바꿔버립니다.

어머니라면 아이가 병에 걸렸을 때 일을 쉴 테지요. 그러나 어른들의 관계에서 그런 일은 없습니다.

이제 고민으로 말미암아 상담하러 오는 사람들의 공통성에 관하여 이야기해보지요.

상대가 병에 걸렸다고 해도 상관없습니다. 부모님이 위독해 지금 당장 병원에 가봐야 한다고 해도 태연하지요. 그런데 "지금 감기에 걸렸는데 옮을 수도 있어요. 그래도 괜찮아요?"라고 말하면 180도 태도를 바꿔 도망칩니다.

자신의 과거를 받아들인다

자기집착이 강한 사람은, 즉 사회적 감정이 없는 사람은 타인을 도울 수 없습니다. 동시에 자신이 타인의 도움을 받고 있다는 것도 느끼지 못합니다.

'아, 저 사람에게 도움을 받았구나!' 하는 절실한 감정이 없지요.

고민하는 사람에게는 '도움을 준다'와 '도움을 받다'의 상호성 안에서의 마음 교류가 없습니다.

그런 인간관계 속에서 성장했습니다.

자신의 기분이 이해받았던 체험을 해보지 못한 채 성장했습니다.

'누구도 나의 고통을 이해하지 않아요'라는 말은 세상에서 가장 많이 반복되고 있는 대사 중 하나라고 조지 웨인버그는 말합니다.*

---

* 조지 웨인버그, 안동민 역, 자기 창조의 기술, 문예출판사, 2003

그만큼 심리적 안정을 위해 자신의 기분을 이해해주는 것이 얼마나 중요한지를 보여주는 거지요.

뒤집어 말해, 자신의 기분을 이해해주지 못하는 것이 얼마나 힘들고 괴로운 것인지를 드러내는 거지요.

자기집착이 강한 사람은 "나는 잘못한 게 없다, 나만 호된 일을 당한다"라고 말하곤 하는데, 그는 실상 어릴 적부터 자신의 기분을 이해받지 못한 채 성장해왔습니다.

그 성장 과정을 철저히 봐야 합니다. 새로운 출발은 언제든 할 수 있으니까요.

무심코 양보하는 사람

지나치다 싶을 만큼 양보를 잘하는 사람은 사실 누구보다 제멋대로이고 자기중심적입니다.

그런데 정작 본인은 그것을 깨닫지 못하지요.

본인은 '나는 이만큼 참고 있는데'라는 식으로 의식하고 있습니다. 따라서 양보하면서도 굉장한 불만을 품습니다.

"나는 잘못한 게 없다"며 불만을 품는 사람은 자신이 얼마나 자기중심적인지 알아차리지 못합니다. 이에 딱 걸맞은 말이 있습니다.

'이기적이지 않은 모습 뒤에 교묘하게 강한 자기중심성이 감춰져 있다.'*

---

* 에리히 프롬, 황문수 역, 사랑의 기술, 문예출판사, 2019

어째서 주위 사람들은 그 사람에게 친절하지 않을까요? 그건 그 사람이 무의식중에 주위 사람에게 적의를 가지고 있기 때문이지요.*

사회적·경제적으로 혜택받은 여성과 혜택받지 못한 남성이 결혼했습니다. 여성은 자신이 모든 것을 희생했다고 생각했지요. 그러나 이혼하게 되었지요.**

'여성은 모든 것을 희생했다'고 생각했지만, 그것은 독선입니다.

폴란드의 철학자 블라디슬로프 타타르키비츠(Wladyslaw Tatarki-ewicz)가 말했듯, '당신이 희생했기에 행복해질 수 없는 것'입니다. 희생하면 모든 것을 잃습니다.

정확히 말해, 불안에서 자신을 지키고자 희생해도 행복해질 수 없습니다.

이 세상에는 너무도 많은 사람이 희생하고 불행해지고 있습니다. 희생하지 않는다면 좀 더 행복해질 수 있는데 말이지요.

---

*   People's attitude toward you is the result of your own unconscious attitude toward them. Beran Wolfe, Calm Your Nerves, Garden City Publishing Co., Inc., 1933, p.195

**   Jürg Willi, Die Zweierbeziehung, Rowohlt Verlag ZmbH, 1975

자기중심적인 배려

　많은 이가 '폐를 끼치고 싶지 않다'고 마음속으로 생각합니다. 그러나 문제는 그 동기에 있습니다.

　상대에 대한 애정에서 '폐를 끼치고 싶지 않다'고 한다면 인간관계는 원만할 테지요. 하지만 미움받는 게 두려워 폐를 안 끼치려 하거나 사랑받고 싶어서 폐를 안 끼치려 한다면 '폐를 끼치고 싶지 않다'는 마음은 인간관계에서 보이지 않는 장해가 됩니다.

　개중에는 폐를 끼쳐도 될 일을 군이 자기희생으로 사랑받으려고 합니다. 그러나 기대와 달리 사랑받지 못하지요.

　왜 좌절하는 걸까요?

　그것은 '실제 자신'의 모습을 미처 깨닫지 못했기 때문입니다.

　'이상적 자아상'과 '실제 자신'이 너무 다릅니다.

　실제 자신은 평균 이상으로 이기적이고 유아성을 가지고 있습니다. 별일 아닌 사소한 일로 상처를 받습니다. 겉으로는 방글방글 좋은 얼굴을 하고 나중에 불만을 토로합니다.

실제 자신을 받아들이지 않는다기보다 실제 자신을 모르고 있는 거지요.

실제 자신은 무의식적으로 고립에 대한 공포심을 가지고 있습니다. 마음 깊은 곳에 있는 자신을 모르므로 '자신은 이러하다'는 생각을 하지요.

예를 들어보죠. 마음 깊은 곳에 공포심이 있습니다. 이로 말미암아 깊은 잠을 이루지 못하지만 그걸 알지 못합니다. 그래서 "잘 자고 있는데 왠지 잠이 부족하다"며 고민합니다.

실제 자신을 알면 '이런 기분으로는 깊은 잠을 이룰 수 없다'고 이해할 수 있습니다.

결국 '실제 자신'은 불안한 긴장감으로 고민합니다.

왜 늘 불안한 긴장감으로 고민해야 할까요?

열심히 일하는 등의 자기방어는 차츰 그 사람을 방어할 수 없는 감정을 갖게 합니다.

방어 행동은 억압 행동이지요.

따라서 자기상실을 더욱 심화시킵니다.

그런 사람은 실제 자신에게 없는 환상에 매달립니다. 거기서 오는 긴장감입니다.

그는 늘 이상적인 자신을 타인과 스스로 증명하려고 노력합니다. 증명해야만 한다고 생각하기 때문입니다.

타인의 마음에 들어 불안으로부터 자신을 방어하려고 하지요.

성장한 사람이기에 자신보다 타인을 우선하는데, 그것이 자연스럽습니다.

좌절하는 사람은 실제 평균 이상으로 이기적이고 자기중심적입니다. 그런 자신의 모습을 감춘 채 이타적인 듯, 듬직한 어른인 듯 행동합니다.

그 무리한 연기가 일생에서 문제를 빚어냅니다. 언짢고, 짜증 나고, 왈칵 분노가 치밀어 오르는 모습으로 말이지요.

자신에 대한 비판이라고
생각하지 않는다

아내는 무슨 일이든 투덜거립니다. 그런데 그 단순한 불만 때문에 남편은 기분이 언짢아집니다. 아내의 단순한 불평불만에 화가 나는 까닭은 그것이 자신을 비난하고 있다고 느끼기 때문입니다. 자신에 대한 비판으로 받아들이기 때문입니다.

상대의 불평불만을 자신의 약점과 결부시켜 해석하고 맙니다. 게다가 자신의 약점이 무엇인지는 정작 본인이 알지 못합니다. 무의식의 영역에 있는 약점을 말이지요.

특히 '나는 돈을 벌고 있다'는 역할 아이덴티티가 강한 남편이 그러합니다. 아내의 단순한 불평불만을 '돈벌이가 신통치 않다'는 말로 확대해석합니다.

불평을 불평으로 해석합니다. 확대해석하지 않고 한정적으로 해석합니다. 그런 남편이라면 심각한 마음의 문제를 가지고 있지 않습니다.

불평을 불평으로 해석하고, 한정적으로 해석하는 것! 이를 하지 못하는 사람은 의식적으로는 '나는 돈을 벌고 있다'고 생각하지만, 마음 어딘가에 나보다 더 많은 돈을 버는 사람에 대한 시기심을 가지고 있습니다. 본인이 미처 깨닫지 못한 심각한 문제를 끌어안고 있습니다. 자신이 늘 타인과 자신을 비교하고 있기에 아내가 무슨 말만 하면 남과 비교당하고 있다고 느끼는 거지요.

여하튼 무의식적으로는 타인보다 우월하길 바랍니다. 그러나 그 바람은 실현되지 않습니다. 마음속에서는 그것을 잘 알고 있지요.

따라서 아내의 불평불만을 자신의 열등감과 결부시켜 해석합니다.

아내의 불평불만은 '저 사람이 낫다'는 것으로 해석되지요. 남편은 스스로 제 몸에 생채기를 냅니다.

여하튼 쉽게 상처받는 사람이 있습니다. 자기 자신을 멸시하는 사람이 있습니다. "내가 이토록 열심히 일하는데, 그런 불평을 하다니 무슨 짓인가!"라고 분통을 터뜨립니다.

카렌 호나이는 자기 자신을 멸시하는 사람은 무방비 상태에 있다고 말하는데, 상대가 아무렇지 않게 말한 불평불만이 무방비 상태에 있는 마음을 강타합니다. 불현듯 상대가 던진 말이 엄청난 힘으로 자신의 마음을 공격합니다.

사람에 대한 적절한 거리감을 가늠하지 못하면 사소한 한마디가 엄청난 파괴력으로 들이닥칩니다. 적절한 거리감이 없는 사람은 상대의 말과 행동에 휘둘립니다.

그런 사람은 주위 사람들에게 농락당하기 일쑤이지요.

늘 "굉장하네요" 하는 말로 칭찬을 받길 원합니다.

"고마워요" 하는 감사의 말을 듣길 원합니다. 어른이 되어도 여전히 남아 있는 자기애를 만족시키려고 합니다.

항상 자신이 중심에 서지 않으면 직성이 풀리지 않습니다.

타인과의 관계는 늘 유사 모자관계를 추구합니다. 정상적인 어른 간의 거리가 아니지요.

자아가 확립되지 않은 어른은 사회생활 속에서 주변 사람들의 말이나 행동에 마구 휘둘립니다. 타자에게 '부당한 중요성'을 쥐어줍니다. 다른 말로 하면, 타인에게 영향을 받는 정도가 매우 높다는 거지요.

극단적으로 가다 보면 피해망상이 됩니다.

일상생활의 사소한 문제로 "왜 나만 이런 호된 일을 당하는가" 하며 격노합니다. 하지만 실제로 호된 일을 당하는 것은 아니지요. 타인의 말을 확대해석하는 것일 뿐이지요.

타자의 말과 행동을 멋대로 피해자 의식으로 받아들이는 겁니다. '멋대로'라고 말한 것은 무의식의 영역에 있는 분노가 '그렇게' 해석하기 때문입니다. 그 감춰진 분노가 상대의 말을 해석하는 데 영향을 미치는 거지요.

모두 힘들어한다

상대가 자신을 홀대하는 것에 불같이 화를 냅니다. 현실에서 상대는 자신을 홀대하지 않는데, 그렇다고 느끼는 거예요.

상대가 자신을 모욕하려고 한 말이 아닌데, 심하게 모욕을 당했다고 느낍니다.

'왜 나만 호된 일을 당하는가?'라고 생각하지만, 현실은 특별히 '자신만 호된 일을 당하고 있는 것'은 아닙니다. 다들 호된 일을 겪고 있는 것이니까요.

늘 "나만 호된 일을 당한다"며 한숨짓는 사람에게는 타자가 없습니다. 타자와 관계하며 일상생활을 보내고 있지 않습니다. 타인과의 자연스러운 커뮤니케이션이 없는 상태 그대로 어른이 되어버렸습니다.

'타인과 관계하면서 살고 싶다'는 바람을 가지지 못한 채 어른이 되어버린 거지요.

마음이 여전히 어린아이인 채로 사회적 어른이 되어버렸습니다.

따라서 '다들 호된 일을 겪으며 살고 있다'는 인식이 없습니다.

그래서 '나만 호된 일을 당한다'는 생각밖에 하지 못합니다.

문제는 일단 분노의 감정에 사로잡히면 좀처럼 거기서 헤어나지 못한다는 겁니다. 영향받기 쉬운 사람은 그 영향에서 빠져나올 수 없습니다.

자주 '기분을 전환한다'는 말을 하는데, 쉽게 영향받는 사람은 그게 잘되지 않습니다.

결국 늘 사람에게 영향을 받지요.

퇴근하고 귀가하면 기분 전환을 하라고 하지만, 그게 생각처럼 잘되지 않습니다.

마치 회사에서 안 좋은 일이 있었던 아버지가 집에 돌아와 가족에게 화풀이하는 것처럼 말이지요.

회사에서의 언짢은 기분을 가지고 귀가하여 가족에게 쏟아냄으로써 감정을 풀려는 아버지 같은 거지요.

다툼 뒤에 있는 진짜 과제

이제 "나는 잘못하는 게 없다. 모두 네가 나쁜 거다"라며 서로를 탓하는 부부의 예를 살펴보지요.

어느 신경증적 증세를 보이는 주부가 있습니다.

그녀는 남편과의 관계가 원만하지 않아 이미 별거하듯이 지내고 있었습니다.

그녀는 남편과 얼굴을 마주하는 것도 싫었습니다. 아침저녁으로 남편을 위해 식사를 준비하고 "밥 해놨어요. 알아서 드세요"라고 말하고는 자기 방으로 들어가버렸습니다.

남편은 아침마다 혼자 밥을 먹고 출근했습니다. 지난 1년간 남편과 함께 식사한 적이 없습니다.

말을 하다 보면 꼬투리를 잡아 싸움이 되어버렸습니다. 그래서 아예 입을 닫아서 지금은 집안이 조용합니다.

이 부부는 싸움을 하는데, 그게 진짜 문제의 원인은 아닙니다. 진짜 과제는 지금 벌어지고 있는 문제의 뒤에 있습니다.

미국의 정신과 의사 해리 스택 설리반(Harry Stack Sullivan)은 '병렬(Parataxis)'이라는 말을 사용했습니다.

병렬적인 대인관계라는 것은 '현재의 대인관계가 삐뚤어져 있다'는 것을 말합니다.*

말마다마다 꼬리를 잡아 싸움하는 상황의 진짜 문제는 '싸움한다'는 것이 아니라 그 뒤에 있는 그 무엇입니다.

병렬적 왜곡이 있는 커뮤니케이션이란 표면적으로 보이는 과제 뒤에 진짜 과제가 숨어 있는 커뮤니케이션을 말하지요.

좋아하는 사람을 보면서 싫어하는 사람에게 사탕을 주는 아이의 심리 같은 거지요.

남자 친구가 다른 여성과 이야기를 나누는 모습이 자꾸 마음에 걸립니다. 그러나 대놓고 그 심정을 말하지 못해 다른 걸 트집으로 잡지요.

말하면 해결될 일을 말하지 못합니다.

그러고는 인생이 힘겹다고 한탄하지요.

아내는 남편이 다정하게 대해주길 바라지만, 이뤄지지 않지요. 그것이 진짜 문제입니다.

---

* Frieda Fromm-Reichmann, Principles of Intensive Psychotherapy, The University of Chicago Press, 1950

아내는 몸이 아파도 남편을 위해 식사를 준비하지만, 남편은 동호회 활동으로 바쁩니다.

"이제껏 나는 인내하며 견뎌왔다"고 그녀는 말하지요. 게다가 부부 싸움도 하고 싶지 않아서 아이 앞에서 지난 10년간 싸운 적도 없습니다. 늘 자신이 참으면 된다고 생각해왔다고 합니다.

그녀는 자신의 인내를 미덕인 양 말하지만, 그것은 미덕이 아니지요. 그저 자신에게 성실하지 못한 것인데, 그걸 미덕이라고 생각하니 늘 짜증이 납니다.

그런 그녀가 '내가 나쁘다니, 그럼 대체 나는 뭐야?'라고 생각합니다.

그녀는 진정 자신을 자유롭게 하기보다는 '나는 잘못한 게 없다'는 생각으로 도망칩니다.

대립하는 것을
두려워하지 마라

그녀는 화가 날 때마다 남편에게 그 감정을 표현하지 않았습니다. 그래서 우울해질 때도 많았지요.

그녀는 "나는 다투는 게 싫어요"라고 말하지만, 그 이상으로 진짜 자신이 되는 게 싫었던 거지요.

그녀는 커뮤니케이션 능력이 없는 걸 '나는 다투는 게 싫다'는 것으로 합리화합니다.

그녀는 대립할 수 없었습니다. 본의 아니게 상대의 말에 따릅니다. 그녀는 지난 5년간 늘 본의 아니게 양보해왔습니다. 그리고 화가 차곡차곡 쌓여왔습니다.

'1일 1회 부부싸움으로 병을 모른다.'

이는 미국의 격언인데, 그만큼 부부 사이에는 자신이 하고 싶은 말을 하는 것이 중요하다는 의미입니다.

하고 싶은 말을 하지 않고 마음에 담아두면 그것은 어느 순간 화산처럼 폭발하고 말지요.

폭발하지 않을 때는 두통을 비롯해 신체 부조로 나타납니다.

덴버대학교 심리학 교수이자 결혼가족연구센터 소장인 하워드 마크먼(Haward Markman)도 '건설적 논쟁'이라는 용어를 사용하여, 그것이 성공적인 결혼생활을 이루는 최대 요인이라고 말했습니다.

사태에 직면하지 않고 논쟁을 피하면, 남편과 아내 사이의 투명한 유리 벽은 차츰 흐려져 뿌옇게 변합니다.

마크먼 또한 '사람들은 결혼 초기의 문제는 시간이 지나면 해결된다고 하지만, 기대와 반대로 문제는 악화된다'고 말합니다.

뿌연 유리 벽은 어느 사이엔가 철의 장막으로 바뀝니다.

부부 사이에 문제가 발생했을 때가 서로를 이해할 절호의 기회입니다. 문제가 없다면 서로에 대하여 이해할 기회도 없습니다.

대립했을 때 서로가 자신을 주장하지 않고 대화를 피하며 그냥 타협함으로써 해결하는 사람이 있습니다.

하지만 그때의 감정은 마음속에 남지요. 그리고 언제인가 다른 가면을 쓰고 둘 사이에 나타납니다.

'네', '아니오'를
분명히 말한다

그녀는 자신에게 의지가 없어 대립하지 못한다는 걸 이해하지 못합니다. 자신의 의지 결여 상태를 인정하지 못합니다.

자신을 지키는 건 기본입니다. 그것은 영합으로는 지킬 수 없지요.

자신의 의지로 분명히 '네', '아니오'를 말합니다. 상대의 기분을 맞추기 위한 '네'는 말하지 않습니다.

할 말을 합니다. 그것은 자신을 지키는 일입니다. 일관된 의지를 드러냅니다. 그게 사랑이 있다는 것이고 자신을 지키는 거지요.

선택해야 할 때 '네' 또는 '아니오'를 명확히 말합니다. 그리고 그 의지에는 책임이 뒤따릅니다.

그녀는 "그 사람은 배려심이 없다"며 나중에 비난합니다. 그러나 나중에 비난하기보다 그 자리에서 "나를 배려해줘요"라고 말하면 될 일이지요. 하지만 그녀는 그 말을 못 합니다.

어째서?

그건 화를 참음으로써 상대가 '죄의식을 갖길' 은근히 바라기 때문입니다. 그녀는 참고 인내하면서도 남편이 자신을 이해해주길 바랐던 거지요.

덧붙여, 실은 자신이 참고 견디는 만큼 남편이 죄의식을 가지길 요구하고 있었던 겁니다. 그러는 게 온 힘을 다하여 자신의 잠재력을 키우는 것보다 심리적으로 편하거든요.

최고의 자신을 발견하고 향상하기보다는 "나만 호된 일을 당한다"며 피해자 의식 안에서 버티고 있는 게 심리적으로 편합니다.

그런데 남편은 "나만큼 좋은 남편이 어디 있어?"라고 말합니다. 그녀는 도저히 용납할 수 없습니다. 하물며 남편은 "나만큼 좋은 남편은 없다, 조금은 세상을 알라. 게다가 나는 성실하다"라고 말하지요. 남편 입장에서는 '나는 잘못한 게 없다'는 거지요.

부부가 서로 '나는 잘못한 게 없다. 나쁘지 않다'고 생각합니다. 아내도 남편도 진짜 자신과 마주하는 일에서 도망칩니다.

분노가 치밀 때가
바로 기회이다

그녀가 보기에 남편은 상대의 기분을 헤아릴 마음이 눈곱만큼도 없는 것처럼 보입니다. 사실, 그것이 남편의 설명이 아닌 그녀 '자신에 대한 설명'이라는 걸 깨닫지 못합니다.

남편은 "당신이 나쁘다"라고만 합니다. 그녀는 그 말을 듣고 "마음에 못 박힌 듯 아팠다"라고 합니다.

서로 '나는 잘못한 게 없다. 상대가 나쁘다'고 생각합니다.

그러다 어느 날 돌연 '더는 용서할 수 없다. 앞으로도 마음이 맞지 않을 것'이라는 결론에 이르고 말지요.

그런데도 둘 사이에 이혼이라는 선택지는 없습니다. 이른바 인간관계 의존증입니다.

알코올 의존 중후군에 빠진 사람이 술을 좋아하지 않으면서도 마실 수밖에 없는 것처럼 서로를 좋아하지도 않으면서 헤어지지 못하는 관계, 그것이 인간관계 의존증입니다.

본디 마음이 맞지 않는 게 아니라 솔직히 자신의 기분을 표현하지 않아 '마음이 맞지 않았던 것'뿐입니다.

미국의 심리학 잡지 〈사이콜로지 투데이(Psychology Today)〉가 1992년 1, 2월 합병호에 결혼 특집 기사를 실었습니다.

그 기사의 결론은, 갈등(Confict)은 결혼생활의 커뮤니케이션의 주요 영역이라는 사실입니다.

따라서 상대가 화를 내거나 자신이 화가 났을 때, '지금이 바로 기회'라고 생각하는 거지요.

'이 싸움이 상대를 이해하게 될 기회, 뒤집어 말해 상대에게 자신을 이해시킬 기회'라고 생각하는 것입니다.

단, 이런 식으로 생각할 수 있는 자아의 확립이 전제되어야 합니다.

서로가 '진짜 자신'을 감추고 문제를 해결하려 한다면 해결되지 않지요.

스스로 불행을 짊어지는 사람은 여기저기 병렬적 왜곡이 있습니다. 그리고 본심은 거짓 가면을 쓰고 나타납니다.

본심을 고백할 사람 넷이면 족하다

이런 사람들은 어릴 때부터 본심을 말할 수 있는 환경에서 자라지 못했습니다.

어릴 적의 아이들은 잔혹합니다. 진심으로 친구를 괴롭히기도 하니까요. 어릴 적에는 모든 것이 직선적입니다. 어른은 좋은 사람으로 보이기 위해 화가 폭발할 때까지 꾹 참지만요.

욕구불만인 사람의 본심과 욕구가 충족된 사람의 본심이 있습니다. 괴롭힐 때도 있고 성실할 때도 있지요.

전제가 사랑이라면 진심은 성실합니다.

진심으로 친해지기는 어렵지만, 그것밖에 방법이 없습니다.

자연히 상대를 받아들입니다. 그것이 본래 고양된 마음으로 마음이 통했다는 거지요.

어른이 되어서 속마음을 어떻게 말해야 하는지를 알게 됩니다.

사랑에는 '좀 더, 좀 더'라는 식의 고민이 없습니다. 그런 욕구가 사라집니다.

행복에 다리가 달려 걸어 다니는 게 아닙니다.

행복은 이런 작은 일이 차곡차곡 쌓이는 거지요.

오늘을 성실하게 살아가는 사람에게 미래가 있습니다.

오늘을 착실히 살아가지 못하는 사람에게 미래는 없습니다.

한 여성에게 편지를 받았습니다.

'있는 그대로의 나인지는 알 수 없지만, 나를 이해해주는 사람은 네 명 정도예요'라고 적힌 편지였지요.

네 명으로 충분합니다. 네 명이 넘으면 아무래도 응석 부리고 싶어집니다. 응석을 부린다고 이해받을 수 있는 건 아닙니다.

편지는 이렇게 이어집니다.

있는 그대로의 내가 사랑받은 적이 있는지 생각해봤더니 없더군요.

진짜 나를 이해해주는 사람은 없습니다.

진짜 나를 알았다면 틀림없이 실망할 거예요.

진짜 나를 안다면 아무도 내 친구가 되어주지 않을 거예요.

사실 이미 알고 있었어요.

머리로는 아는데 지금까지 일 때문에 좀처럼 있는 그대로의 나를 보여줄 수 없었어요.

이 사람은 '있는 그대로의 자신'이 진짜 자신이라고 생각합니다. 그런 진짜 자신을 어디서든 드러내는 것, 그게 잘 사는 방법이라고 생각합니다.

있는 그대로의 나는 사실 무시무시한 승부욕의 소유자로, 이런 성격으로 사람들과 관계한다면 모두가 분명 싫어할 거라고 생각했답니다.

본래 자신에게는 성장 욕구가 있습니다. 그녀는 퇴행 욕구의 자신만이 본래 자신이라고 생각합니다.

그녀는 자신의 장점을 이끌어줄 사람과 만나지 않습니다.

관계가 깊어지는 마법의 말

　진심을 말하면 상대에게 상처를 줍니다. 진심 그 자체는 나쁘지도 좋지도 않지요. 그것은 인간관계에 따라 정해집니다.

　진심은 인간관계의 적절한 거리감에 따라 잘 구분해 사용해야 합니다. 그렇지 않다면 사람에게 상처를 줍니다.

　인간관계의 거리감을 잘 아는 사람은 깊은 관계로 발전시켜 나아가는 데 진심을 사용할 줄 알지요.

　누구에게든 진심을 말해도 좋은 것은 아닙니다. 그런데 진심을 말하는 것은 '자신을 드러내는 것'으로 좋은 일이라고 생각하는 사람이 있습니다.

　원래 신뢰관계가 없으면 진심을 드러내지 않습니다.

　인내는 미덕이지만, 반드시 그렇지도 않습니다. 그것은 서로의 관계 안에서 정해지는 거지요.

신뢰관계는 자신을 이해해주는 사람과의 관계입니다.

자기 자랑은 본심입니다. 신뢰관계 안에서 자기 자랑은 미움받지 않지요. 자기 자랑을 공유할 수 있으면 좋고, 자기 자랑을 하는 사람에게 고마운 마음이 있다면 됩니다.

시기, 질투가 기본인 사회에서 자기 자랑은 좀처럼 하기 어려운 얘기지요. 상대에 따라서는 불쾌감을 느끼기도 합니다.

"이렇게 좋은 꽃을 주시다니 감사합니다."

이런 말 한마디로 말미암아 관계는 깊어집니다.

상대도 자신의 진심을 기쁘게 받아주는 사람이 아니라면 관계는 깊어지지 않지요. 진심으로 깊은 관계를 원한다면 꽃을 가져온 이의 진심을 받아주는 사람이 되어야 합니다.

"어머, 이렇게 예쁜 꽃을…… 감사합니다"라고 진심을 말할 수 있는 사람과의 대화는 이렇습니다.

"길가에 핀 꽃인데, 이거 정말 예쁘지 않니?"

"응, 예쁘네."

"이거 꽃병에 꽂을래?"

"고마워. 잘 받을게."

그러나 다음과 같은 대화도 있지요.

"꽃집에서 카틀레아를 사 왔어."

"어머, 케이크 좀 먹을래?"

어떤가요? 무리가 좀 있지요.

대화가 끝난 뒤 깊은 한숨이 나오고 지칩니다.

Chapter 6

행복에 이르는
지름길

자신에 대한 의무를 다한다

여든에 홀로 사는 여성이 있습니다. 다른 사람이 "돈을 빌려달라"고 말하면 빌려줍니다. 물론 빌려준 돈은 받지 못합니다.

사실은 빌려주기 싫은데 억지로 빌려줍니다. 돈을 빌려준 뒤에는 빌려 간 사람에 대해 심하게 험담합니다. 심하게 욕을 퍼부어댑니다. 돈을 빌려 간 사람에 대한 엄청난 원망으로 말이지요.

그렇게 심하게 욕할 바에는 아예 처음부터 돈을 빌려주지 않으면 좋았다고 생각하면서도 또 빌려줍니다. 자신의 생활비가 부족하지 않다면 그나마 낫겠지만, 그렇지도 않지요.

이 나이 든 여성은 늘 문제에 휘말립니다. 그 원인은 그녀의 외로움에 있습니다. 자신이 본의 아니게 남에게 돈을 빌려주는 건 외로움 때문이라는 사실을 의식하면 됩니다. 그러고 나면 그만큼 문제에 휘말리는 경우가 적어집니다.

그러나 자신을 움직이게 만드는 건 무의식에 있는 고립감이라는 사실을 이해하지 못한다면 문제는 죽을 때까지 이어집니다.

그녀는 고립되는 걸 두려워했습니다. 그래서 주위 사람이 말하는 대로 움직이지요.

몇 번을 실수해도 늘 같은 실수를 합니다. 문제의 원인은 대부분 그 사람의 무의식에 있는 감정입니다. 몇 번이고 반복하여 속거나 실수하는 건 무의식에 그럴 필요성이 있기 때문입니다. 무의식의 영역에 있는 욕구를 채우기 위해서요.

미국의 심리학자 데이비드 시버리(David Seabury)는 멋진 지적을 합니다.

'어느 행동이 현명한 것인지 어리석은 것인지는 결과에 비추어 비로소 아는 법이다.'*

남들이 흔히 생각하는 노력보다 자신에 대한 의무를 다하는 노력에 더 큰 용기가 필요합니다. 자신으로 있기 위해 노력하는 것보다 사람들에게 받아들여지기 위해 노력하는 게 심리적으로는 편하기 때문이지요.

자신으로 있기에 살아갈 에너지가 솟아오릅니다. 그 에너지로 말

---

* 데이비드 시버리, 김정한 역, 나는 뻔뻔하게 살기로 했다: 더 이상 괜찮은 척하지 않겠다. 심리학으로 배우는 자존감 높은 사람들의 21가지 습관, 홍익출판사, 2018

미암아 비로소 사회적인 공헌을 할 수 있습니다.

사람들에게 좋은 인물로 보이려는 노력 때문에 에너지를 소모합니다. 그 결과, 사람들의 짐이 됩니다.

'자기 안의 생명력에 관심을 가지지 않는 한, 자신이 살아 있는 세상에 봉사할 수 없습니다. 그저 짐이 되어버립니다.'*

대다수 사람은 성실하게 노력했습니다. 그저 사람에게 인정받고 싶어 노력하기에 결과로써 그저 짐이 돼버리는 거지요.

---

*   데이비드 시버리, 김정한 역, 나는 뻔뻔하게 살기로 했다: 더 이상 괜찮은 척하지 않겠다. 심리학으로 배우는 자존감 높은 사람들의 21가지 습관, 홍익출판사, 2018

'괴로움의 이유'를
인정해준다

　엘렌 랭거는 이혼과 괴로움을 주제로 조사했습니다.*

　그리고 이혼한 후 내내 괴로워하는 사람과 괴로워하지 않는 사람의 차이에 대하여 다음과 같이 설명합니다.

　이혼한 뒤 세월이 흘러도 계속 괴로워하는 사람은 이혼의 원인을 모조리 상대에게 돌린다고 합니다. 그것은 현실을 부인하고 있기 때문이지요.

　이혼했을 때 '왜 이혼하게 되었는지?'라고 생각하는 사람이 있습니다. 또 그런 의문 같은 건 전혀 생각하지 않는 사람도 있지요.

　'왜 이혼하게 되었을까?'라고 생각하는 사람은 상대에게도 이런 결점이 있었지만, 자신에게도 이런 결점이 있었다고 인정합니다.

---

* 　Ellen J. Langer, Mindfulness, Da Capo Press, 1989

그리고 그런 생각을 통해 사람은 성장합니다. 그것이 단단한 마디가 되어주기에 대나무는 더욱 위로 뻗어 오릅니다.

이혼이 아니라도 그렇지요. 연인에게 차였다고 해보자고요.

그때 화내면서 일방적으로 연인을 비난하고 매도하는 사람이 있습니다.

또한 '왜 차였을까?'를 생각하는 사람도 있습니다. 그리고 새로운 연인을 만납니다.

그러나 화내고 일방적으로 연인을 비난, 매도하는 사람은 다음번 연애도 실패하지요. 그리고 또 불만을 품고 화를 뿜어내며 다시 상대를 비난하고 매도합니다.

이혼이든 실연이든 일방적으로 상대를 비난하고 매도하는 사람은 자신의 결점을 인정하지 않습니다. 결국 현실을 부인합니다.

현실을 인정하지 않는다면 훗날 호된 일을 당하는 건 당연하지요. 사람은 누구나 바라든 바라지 않든 현실 속에서 살아갑니다.

자신이 살고 있는 이 현실을 인정하지 않는다면 점차 암울해지는 것은 당연한 일이지요.

그러니 이혼하고 그 원인을 죄다 상대에 돌리는 사람이 세월이 흘러도 괴로운 것은 당연합니다.

사람은 괴로워도 현실을 인정함으로써 앞으로 나아갈 수 있습니다. 그 이후에 자신의 장점을 끌어낼 사람과도 만날 수 있습니다.

고집스럽게 현실을 인정하지 않고 버티면 마지막에는 살아 있다는 현실감이 사라집니다.

"저 포도는 너무 셔"라고 말하는 고집쟁이가 됨으로써 심리적으로 성장하지 못합니다. 무엇보다 영원히 포도에 대한 집착을 버리지 못합니다.

현실은 당신 편이다

　'저 포도는 달콤하지만 나는 딸 수 없다'는 현실을 인정함으로써 앞으로 나아갑니다. 새로운 인생을 개척할 수 있습니다. 그것이 현실 수용입니다.

　이혼한 뒤 "나는 잘못한 게 없다!"고 단언한다면 현실 부인으로 말미암아 당연히 살아가는 게 힘들어집니다. 그 사람은 이혼으로 괴로운 게 아니라, 본질적으로 현실 부인이라는 자세에 괴로워하는 것입니다.

　베란 울프는 '현실은 내 편이다'라고 주장합니다. 현실이 내 편인데, 적으로 만들어버리기에 괴로움이 시작됩니다.

　휘둘릴 때 '왜 휘둘리는가?'라고 생각하는 것이 현실 수용의 마음 자세입니다.

　'사람은 잘못을 하지만 상대를 용서하지 않는다.'

결국 상대에게 어떤 잘못을 합니다. 이를테면 상대가 잘못한 것은 아니지만, 화가 나서 상대를 비난하고 매도하고 때렸다고 해보지요.

상대는 잘못한 게 없습니다. 단지 자신이 화가 났을 뿐이라는 걸 마음속으로는 잘 알고 있어도 그것을 인정하지 않지요. 그것을 인정하지 않기에 완고하게 "저 사람이 나쁘다"고 말합니다. 그리고 마음 깊이 '나쁘지 않다'고 생각하는 상대를 용서하지 않지요.

상대에게 맞을 때는 누구라도 상대를 미워합니다. 그러나 시간이 흐르면 상대를 용서할 수 있지요.

자신이 피해자라면 시간이 지나서 상대를 용서할 수 있습니다.

그런데 자신이 피해자가 아닌, 가해자인 경우가 문제입니다.

세월이 흘러 마음이 차분히 가라앉으면 사람은 자신의 행동을 알게 되지요. 결국 자신이 가해자였다는 걸 깨닫지요. 여러 일이 겹쳐 초조하고 짜증이 나서 괜한 사람에게 분통을 터뜨렸다는 것을 말이지요. '사실 그때 나를 짜증 나게 했던 것은 그 일이었다'며 마음속에서 알게 되지요.

예컨대 부부관계가 원만하지 않습니다. 짜증이 났습니다. 그때 아이의 담임선생님을 비난하고 매도합니다. 공격성의 희생양이 됩니다. 그러나 그것을 인정할 수 없습니다. 자신을 지키려고 하지요. 그렇게 "저 사람이 잘못해서 저 사람을 때렸다. 선생님의 교육이 문제라 선생님을 비난했다"고 말합니다.

상대를 '용서한다'는 것은 자신이 가해자임을 인정하는 겁니다. 이것이 현실 수용입니다. 자신을 지키려는 자세가 아닙니다.

그러나 도저히 현실 수용을 못 하는 사람이 있습니다. 그저 "나는 나쁘지 않다. 잘못한 게 없다"며 고집을 부립니다. 상대를 용납하지 않지요. "나만 호된 일을 당한다"고 말합니다.

그러면 세상은 서서히 좁아집니다.

'미안합니다', '고맙습니다'부터
시작한다

카렌 호나이는 '감정적 맹목성(Emotional Blindness)'이라는 것을 말합니다.

상대가 자신에게 폐를 끼쳤을 때는 신경질적이 되어서 화를 냅니다. 그러나 자신이 똑같은 일로 상대에게 폐를 끼치는 건 용납하지 않지요.

자신을 지키려는 자세가 너무 강하기에 현실 부인 또한 심해집니다. 그것이 감정적 맹목성이기도 합니다. 신경증적 자존심이 너무 강해 이성이 제대로 작동하지 않습니다.

자신을 지키는 자세가 강한 사람은 인정받고자 하는 욕구도 강합니다.

타인에게 폐를 끼쳤을 때 "미안합니다"라고 말하면 될 일을 도무지 사과하지 않습니다. "나는 잘못한 게 없다"라고 말합니다. 폐를 끼친

게 아니라 상대가 잘못한 것이라고 고집을 부립니다.

인정받고 싶은 마음이 너무 강한 탓에 결국 주위 사람들로부터 '곤란한 사람'으로 인식되어버립니다. 인정받고 싶어서 고집을 부리지만, '저 사람은 문제가 있어'라는 인식을 심어주어 인정받지 못합니다. 인정받고 싶은 마음에서 오는 방어 자세인데, 주위 사람에게 유치한 사람으로 평가받지요.

현실을 부인하는 사람은 결국 고독해집니다.

고립되면 고립될수록 고집쟁이가 됩니다. 고집쟁이가 되어갈수록 고립되는 악순환에 빠지고 말지요. 그리고 최종적으로 현실을 인정할 바에는 죽는 게 낫다고 생각할 만큼 현실 인정이 어려워집니다.

고집쟁이가 되어버린 사람은 실상 마음속에서 '인정해달라'고 외치고 있습니다. '도와달라!'고 소리치고 있는 거지요.

고집쟁이가 되어 고립된 상태가 그가 바라는 상황은 아닐 것입니다. 이는 그가 절실히 원하는 것과는 정반대의 상황이지요.

고집쟁이가 된 이의 마음속에서는 사람과 친해지고 싶다, 사람과 마음을 나누고 싶다고 생각합니다. 그런데 그 방법을 모르지요. "미안합니다"라고 말하면 인정받을 수 있는데, '미안합니다'라는 말을 신경증적 자존심이 허락하지 않습니다.

불타오르는 화염 속을 지나지 않으면 원하는 곳으로 갈 수 없습니다. "미안합니다" 하고 현실을 인정하는 건 화형을 당하는 것만큼 괴로운 일입니다.

고집쟁이가 되면 사람이 멀어져간다는 것을 알 수 있을 텐데, 어쩔 수 없이 고집쟁이가 되어버립니다. 그것이 신경증적 자존심이지요. 그건 긍지와는 다릅니다.

긍지는 현실 수용의 마음이고, 신경증적 자존심은 현실 부인의 마음입니다.

이러면 점차 지옥에 빠져든다는 것을 잘 알면서도 어쩌지 못합니다. 아무리 애써도 '미안합니다' 또는 '고맙습니다'라는 말을 할 수 없습니다.

그 말을 하면 행복해질 수 있다는 것을 잘 알지만, 도저히 입이 떨어지지 않지요.

체면을 따지지 않기에
잘해 나아간다

신경증적 자존심이 있기에 말할 수 없는 거지요. 쉽게 말하면, 체면 때문에 말할 수 없습니다.

체면에 집착하지 않으면 일은 잘되어갑니다. 체면에 집착하는 것은 현실을 인정하지 않는다는 거지요.

체면은 불안의 심리입니다. 체면에 집착하는 사람은 자신의 가치가 위협받고 있는 거지요. 불안한 심리로 문제를 해결하려면 잘 풀리지 않습니다. 체면 때문에 문제 해결에 나선다는 것은 불안한 심리가 동기로 작용하는 겁니다.

체면을 중시하며 문제를 해결하려는 것은 상황을 해결하려는 게 아니라 자신의 감정을 해결하려는 겁니다. 그러면 감정은 홀가분해질지 몰라도 문제는 여전히 해결되지 않지요. 오히려 문제는 더 커집니다. 게다가 감정도 개운하지 않습니다.

불안한 사람은 만족과 행복을 선택할 때, 만족을 선택합니다. 체면을 중시하여 만족하지만, 행복을 버립니다.

자신의 체면을 중시한다는 것과 문제를 해결한다는 것은 다릅니다. 불안한 채 문제를 해결하려고 합니다. 하지만 그것은 무리입니다.

분명히 문제를 해결하는 게 좋습니다. 그럴 때 사람은 앞서갈 수 있습니다. 체면에 매달리면 앞서갈 수 없습니다. 체면에 집착해 일을 크게 만듭니다. 사람과의 감정이 잘 풀리지 않습니다.

미국의 한 심리학 교과서*에는 칼 로저스(Carl Ransom Rogers)의 가설에 관한 설명이 실려 있습니다.

우리가 자기실현을 잘할 수 있는 것은 자신에게 자신감이 있을 때입니다. 자아 가치의 박탈에 겁먹지 않을 때입니다.

자기실현으로 인생의 모든 문제를 해결할 수 있습니다. 그럼에도 자기실현을 해야 할 때 사람은 자기실현을 하지 않습니다.

자아 가치의 박탈에 겁먹고 있을 때는 체면에 매달려 있을 때입니다.

격려의 말을 들으며 성장해온 사람은 자기실현을 하며 살아갑니다. 반대로 '있는 그대로의 자신에게 가치가 없다'는 파괴적인 말을 들으며 성장해온 사람은 자아 가치의 박탈에 겁을 먹고 자기실현을 할 수 없지요. 그때가 시련의 시기입니다. 그야말로 불태워지는 화형을 거쳐 사람은 인생의 가장 깊은 의미를 체득합니다.

---

*　Lawrence A.Pervin, Personality, John Wiley & sons, Inc., 1970, p.197

충만한 인생을 위하여

　현실을 인정하지 않는 사람의 마지막은 더할 나위 없이 공허합니다. 여하튼 현실 안에서 살고 있지 않았기에 죽음을 앞두고 어찌할 바를 모릅니다.

　"나는 잘못한 게 없다"며 자신의 잘못을 무슨 일이 있어도 인정하지 않는 사람이 있습니다.

　인정하지 않으면 체면만큼은 지킬 수 있지요. 그러나 행복을 잃습니다. 현실 부인은 체면을 지키고 행복을 버리는 거지요. 그러나 타인의 눈에 그 체면은 완전히 뭉개져 있습니다.

　현실 수용으로 체면을 버리고 행복을 얻습니다.

　앞서 언급한 엘렌 랭거의 조사에서 보듯, '이혼은 저 사람이 원인'이라며 자신의 잘못을 무슨 일이 있어도 인정하지 않습니다.

　그 후 괴롭기만 한데, 인생의 마지막 순간이 되어서는 괴로움과 동시에 공허감까지 밀려옵니다.

　사람은 만족과 행복을 선택할 때 '만족'을 선택합니다. 그리고 행복을 버립니다.

　만족과 행복은 다르지요. 이 부분이 인생의 포인트입니다.

　사람은 불만과 불안을 선택할 때 '불만'을 택합니다.

　도저히 어찌해볼 방도가 없는 남편이라도 아내는 이혼하지 않습니다. 이혼한 이후의 미래가 불안하기 때문입니다. 남편에게 불만이 있더라도 이혼하지 않습니다. 불안보다 불만을 선택하는 거지요.

　어떤 불만이라도 불안을 피하려고 합니다. 사람은 성장과 퇴행의 기로에서 성장하기를 버립니다.

　그러나 사람은 성장함으로써 비로소 행복해질 수 있습니다.

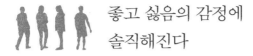 좋고 싫음의 감정에
솔직해진다

지금 고민하는 사람은 다음의 질문을 자기 자신에게 해보는 것이 중요합니다.

'나는 뻔뻔한 사람의 마음에 들려고 얼마나 많은 것을 잃고 있는가?'

한 번 진지하게 생각해보세요.

사실 마음에 들지 않는 상대인데 무리하여 '좋은 척' 행동하여 '무엇을 잃고 있는가?'를 생각해보세요.

지금 '좋다'고 생각하는 이는 정말로 좋은 사람일까요?

지금 회사에 좋은 동료라고 생각하는 사람이 있을 겁니다. 상사일 수도, 부하 직원일 수도 있겠죠.

그런데 사실은 아닐 수도 있습니다.

그걸 회사를 그만둔 뒤에 깨닫습니다. 회사를 그만둔 뒤 시간이 있는데도 만나고 싶은 생각이 들지 않습니다. 함께 일할 때는 좋다고 생각했지만, 대개는 좋아하지 않았던 거지요.

점차 시간이 흘러서 '나는 그 사람을 싫어했다'는 사실을 깨닫기도 합니다. 그리고 시간이 흘러 '만나기 싫은' 사람으로 바뀝니다. 마지막에는 '얼굴도 보기 싫은' 사람이 되어버립니다.

그러나 회사에 있을 때는 '좋다'고 생각하지요.

왜일까요?

그것은 '좋다'고 생각하는 게 일하는 데서 적절하기 때문입니다.

혹은 외롭기 때문이지요. 외롭기에 친한 사람을 원합니다. 그래서 자신의 마음을 얼버무리고 '친하지 않은 사람'을 억지로 '친한 사람'이라고 생각합니다.

외롭기에 친구를 원하지요.

그가 싫어도 함께할 때 편리한 사람이라면 '좋다'고 생각합니다.

그러나 이 같은 자기기만이 그 사람의 마음에 미치는 영향은 헤아릴 수 없습니다.

또 싫다는 걸 알아도 좋아하려고 애쓰는 경우가 있습니다. 미움받는 게 두렵기 때문이지요.

미움받는 게 두렵든, 편리하든, 외롭든, 싫은 사람을 친하다고 믿은 대가는 큽니다.

롤로 메이가 말했듯, 그렇게 잃는 것에는 '통합성이나 커뮤니케이션 능력'도 포함됩니다. 그 외에도 여러 가지를 잃습니다.

분명, 마음먹기에 따라서는 날마다 유쾌하게 지낼 수 있습니다. 그럼에도 사실 매일 유쾌하게 지내지 못합니다.

오랫동안 뻔뻔한 사람에게 미움받는 것이 두려워서 무리한 까닭에 만들어진 마음입니다. 그 일그러진 마음으로 즐거운 나날을 우울하게 만듭니다.

상쾌한 아침 대신에 멍하고 기분 나쁜 아침을 맞이합니다.

성실하지 못한 사람, 오만한 사람, 뻔뻔한 사람의 마음에 들려고 무리합니다. 그것으로 새로운 사람과의 대화를 잃고, 답답하고 숨 막히는 인간관계를 얻게 되지요.

뻔뻔한 사람에게 미움받는 걸 두려워하며 사는 동안에 무엇을 잃고 얻나요?

긴장을 풀고 나눌 수 있는 대화를 잃고, 무겁고 진절머리가 나는 인간관계를 얻습니다.

성장 에너지를 회복한다

뻔뻔한 사람에게 사랑받기 위해 무리하는 사람은 자신이 얼마나 귀중한 것을 잃었는지를 깨닫지 못합니다.

보물 더미를 잃었습니다. 그럼에도 지갑 하나 없어진 것을 두고 호들갑을 떨지요. 사사건건 '그 지갑만 있었더라면' 하며 잃어버린 지갑에 집착합니다. 일 하나를 잃은 데 분통을 터뜨립니다. 낙오되고, 미래의 불안에 위협당합니다. 실연에 괴로워합니다. 살아갈 희망을 잃습니다.

그러나 악질적인 사람에게 미움받는 것이 두려워서 무리하는 사람이 이 인생에서 잃은 것은 분실한 지갑, 실연, 실업 같은 것과는 비교도 되지 않습니다.

이 뻔뻔한 사람들의 마음에 들려고 하기에 모처럼 받은 귀중한 생명과 의미 있는 인생을 잃어도 좋은가요?

끙끙거리며 고민하는 사람은 실패한 것으로 고민하기보다 실패로부터 자신은 평가가 낮아지는 것을 신경 쓰고 있습니다.

'그 사람이 이렇게 생각하는 건 아닐까?', '그 사람에게 미움받게 되는 건 아닐까?', '그 사람은 화난 게 아닐까?' 등을 고민합니다.

자신이 상대에게 좋은 인상을 줄 수 없었던 데 고민합니다.

이때 '그 사람'이란 어떤 인물인가요?

자신은 '그 사람'의 마음에 들기 위해서 태어났나요?

'그 사람'의 마음에 들기 위해서 무리하다가 건강을 해쳐도 좋은가요?

병에 걸려도 좋은가요?

그렇게 자문해보면 저절로 답이 나오지 않을까요?

그렇게까지 '그 사람'의 마음에 들 필요는 없습니다.

'그 사람'이 자신을 나쁘게 생각한다고 해서 고민하고 스트레스로 병에 걸려서는 안 되지요.

왜 그토록 좋은 평가를 원하는 거지요?

왜 그렇게까지 미움을 받는 것이 두려운 건가요?

그런 식으로 생각하다 보면 자신이 어떤 태도로 인생을 살아가고 있는지 보이지 않을까요?

사람에게 사랑받기 위해서만 살아온 자신.

자기실현을 위해 살아오지 않은 자신.

마음에 중심이 없는 자신.

그 원점은 역시 '부모님의 마음에 들어야만 살아갈 수 있었던 과거의 환경', '있는 그대로의 자신을 부정되어온 과거의 환경'이지만 자기 분석을 하는 가운데 자신이 보입니다.

카렌 호나이가 말했듯, 신경증적 경향이 강한 사람이 자신을 위한 에너지가 없다는 걸 알아차리지 않을까요?

신경증자는 자신을 위한 에너지를 가지고 있지 않다고 카렌 호나이는 말합니다.*

신경증자의 에너지는 자기실현의 에너지가 아닙니다. 그것은 자기집착의 에너지입니다. 퇴행의 에너지이지, 성장의 에너지가 아닙니다.

자기실현의 에너지는 성장 에너지입니다. 사랑은 성장의 원동력이지만, 무리하여 사람의 마음에 들려고 하는 이에게는 사랑이 없습니다. 욕구만 있을 뿐이지요.

---

* 카렌 호나이, 서상복 역, 내가 나를 치유한다: 신경증 극복과 인간다운 성장, 연암서가, 2015

더 이상
무리하지 않는다

에너지가 없을 때는 사회와 관계하는 것이 싫습니다.

요즘 '달관'했다는 젊은 사람, 은둔형 외톨이는 에너지도 패기도 없습니다.

그것은 어릴 적부터 자연스러운 커뮤니케이션 속에서 살아오지 않았기 때문입니다.

프롬이 말한 모친고착, 자기애, 네크로필라스의 세 가지를 포함한 쇠퇴 증후군에는 성장 에너지가 없습니다.

연인이 '이것은 내 것'이라고 생각하는 게 있습니다. 그런데 상대의 마음에 들려고 내키지 않으면서도 무리하여 "이것은 당신 것이다"라고 말합니다. 상대의 마음에 들려고 거짓으로 자신을 꾸미는 거지요.

서로가 양보하면 여러 가지를 고민하고 생각하지 않아도 되지요.

그 경우, 두 사람은 어릴 적에 부모와의 관계가 원만하지 않았습니다.

아이는 부모에게 매달립니다. 어릴 적에 응석을 부리고 의지하지 못한 탓으로 본래 부모에게 해야 했던 행동을 연인에게 합니다.

양자가 서로에게 '좀 더' 사랑해달라고 조릅니다.

사회와 관계하는 게 싫습니다. 자신에게 부적절한 정보가 들어오는 게 싫습니다. 인터넷의 편중된 정보에 매달리는 게 편하기 때문이지요. 그건 불안하기 때문입니다.

그래도 부모의 보호 아래 있을 때는 억지를 부리면서 잠시 심리적으로 안정할 수 있습니다. 그러나 미래는 열리지 않지요.

에너지가 없다는 건 '어머니가 될 자가 어머니를 체험하지 않는' 것이기도 합니다.

그러나 이런 일로 끙끙 고민하고 수명을 단축해도 좋을까요?

지금 힘들고 괴롭지만, 이곳을 단단히 딛고 자기실현을 하는 것과 평생 고민하는 것 중 무엇이 좋을까요?

요컨대 신경증은 자신을 위해 살아갈 수 없다는 거지요. 사람의 마음에 들려고 살아온 사람입니다. 인생의 축이 자신에게 없고 타인에게 있습니다.

그 결과로, 몸도 마음도 부조가 찾아온 거지요.

낮에는 개운하게 지낼 수 없고, 밤에는 깊은 잠을 이룰 수 없습니다.

생각해보면, 그것도 당연한 일입니다. 자신을 위해 살아오지 않았으니, 몸도 마음도 불안정해질 수밖에요.

날마다 다음의 말을 자신에게 들려줍니다.

'내 목숨과 뻔뻔한 사람의 마음에 드는 것 중 어느 게 중요한가?'

'내 목숨과 상대의 마음에 드는 것 중 어느 게 중요한가?'

'상대는 나 따윈 벌써 잊었다. 그런 사람의 마음에 들려고 내가 태어났는가?'

'상대가 분하다는 말에 스트레스를 받고 내 수명을 단축하겠다는 것인가?'

실상 답은 빤한데, 이런 걸 생각해야 한다니 어처구니가 없지 않나요?

Epilogue

　사람은 사회적 업적이 아닌, 마음의 성숙으로 구원받습니다. 커뮤
니케이션 능력으로 구원받습니다.

　이 책에는 '나는 나쁘지 않다, 잘못한 게 없다'와 '왜 나만 호된 일
을 당하는가?'라는 말이 빈번히 등장하는데, 이 두 말은 본질적으로
다르지 않습니다.

　'나는 잘못한 게 없다' 고집하는 태도는 사람의 미움을 받고, 그 결
과로 인간관계에서 '호된 일을 당하는' 경우가 많지요.

　특별히 당신만 호된 일을 당하는 건 아닙니다. 결과만 보기에 '나만
호된 일을 당한다'고 생각하는 거지요.

　힘들고 괴로운 현재에 이르는 과정을 본다면, 결과만 보고 '나만 힘
들다'는 생각은 하지 않지요.

　지금으로부터 90년 남짓 전, 미국에서 운(運)에 대하여 헤버트 N.

커슨(Hebert N. Casson)이라는 사람이 쓴 흥미로운 책이 있습니다. '행운을 불러오기 위한 30가지 지혜'라고 말할 수 있는 책입니다.*

그는 모든 일에는 이유가 있다고 말합니다. 뉴턴은 사과가 나무에서 떨어졌을 때 '여기에는 이유가 있어야 한다'는 걸 알았습니다.

전쟁이나 자연재해를 제외한 평범한 시대의 당연한 일상생활에서는 '호된 일을 당하는' 데는 '그럴 만한' 이유가 있지요.

그 이유를 이 책에서 생각해보았습니다. 예컨대 늘 심각하게 고민하는 사람은 하나같이 자신의 사회적인 위치를 이해하지 못합니다. 인간관계에서 자신이 어떤 위치에 있는지 모르므로 문제가 일어납니다. 이 책에서 여러 차례 다룬 '인간관계의 거리감'이 없는 거지요.

프리다 프롬 라이히만(Frieda Fromm-Reichmann)은 사랑받지 못한 사람은 대상을 불문하고 사랑받고자 한다고 말합니다.

라이히만이 말하듯, 어머니의 애정 결여로 아이는 어릴 적에 누군가에게 사랑받으려는 강박적 필요성을 발달시킵니다.

라이히만은 '모든 사람에게 사랑받으려는 강박적 필요성'은 그의 모든 생애에 걸쳐 이어진다고 말합니다.**

---

* Hebert N. Casson, Thirteen Tips on Luck, B.C. Forbes Publishing Co., New York., 1929

** Psychoanalysis and Psychotherapy : Selected Papers of Frieda Fromm-Reichmann, edited by Dexter M. Bullard, The University of Chicago Press, 1959, p.292

미국의 대통령 에이브러햄 링컨은 말했습니다.

"만인의 사랑을 받으려면 자신의 힘이 약해진다는 것을 알았다."[*]

링컨은 만성적 우울병으로 괴로워했는데, 그런 그의 결론은 이렇습니다.

"대개의 사람은 스스로 행복해지겠다고 결심한 만큼 행복해질 수 있다."[**]

이 책에서 계속 말해온 것은 '사람의 마음에 들려고 함으로써 자신의 마음의 힘이 약해진다'는 사실입니다.

대상을 불문하고 마음에 들려 애쓰는 이의 주변에는 질 나쁜 사람들이 모이게 마련입니다. 약한 사람은 자신을 모욕하는 이의 마음에 들고자 필사적으로 행동하지요. 상대가 자신을 모욕하고 있다는 사실을 알아차릴 수도 없습니다.

행복해지겠노라 결심한다면, 그 결단만큼 행복해질 수 있습니다. 그러기 위해서 나 자신을 중심에 놓아야 합니다. 이리저리 휩쓸리지 말고 내 뜻대로 나답게 서 있어야 합니다. 나를 제대로 세울 때 행복의 문도 확실히 열릴 것입니다.

---

[*] Alan Loy McGlnnis, Bringing Out the Best in People, Augsburg fortress Publishing, 1985

[**] Alan Loy McGinnis, The Power of Optimism, HarperCollins, 1990, p.57

왜 나만 이렇게 힘든 걸까

초판 1쇄 인쇄 2022년 2월 16일
초판 1쇄 발행 2022년 3월 3일

지은이 | 가토 다이조
옮긴이 | 박재현
펴낸이 | 전영화
펴낸곳 | 다연
주   소 | (10550) 경기도 고양시 덕양구 삼원로 73 한일윈스타 1422호
전   화 | 070-8700-8767
팩   스 | 031-814-8769
메   일 | dayeonbook@naver.com

편   집 | 미토스
본   문 | 모티브
표   지 | 강희연

ⓒ 다연
ISBN 979-11-90456-39-5 (03320)